历史教学法的改革和创新

LISHI JIAOXUEFA DE GAIGE HE CHUANGXIN

罗　超◎著

安徽师范大学出版社

·芜湖·

图书在版编目（CIP）数据

历史教学法的改革和创新 / 罗超著. — 芜湖：安徽师范大学出版社，2018.1（2025.1 重印）
ISBN 978-7-5676-3053-6

Ⅰ.①历… Ⅱ.①罗… Ⅲ.①中学历史课－教学法－高等师范院校－教材
Ⅳ.①G633.512

中国版本图书馆CIP数据核字(2017)第175915号

历史教学法的改革和创新　　罗　超◎著

责任编辑：孙新文　薄　雪
装帧设计：任　彤
出版发行：安徽师范大学出版社
芜湖市九华南路189号安徽师范大学花津校区
网　　址：http://www.ahnupress.com/
发 行 部：0553-3883578　5910327　5910310(传真)
印　　刷：阳谷毕升印务有限公司
版　　次：2018年1月第1版
印　　次：2025年1月第2次印刷
规　　格：700 mm × 1000 mm　1/16
印　　张：12.25
字　　数：183千字
书　　号：ISBN 978-7-5676-3053-6
定　　价：49.00元

自 序

本书是20世纪70年代至90年代，我从事历史教学法教学时的经验总结和研究汇编。主要由两部分组成：一部分是讲稿，1986年内部刊印，安徽师范大学历史系（现为安徽师范大学历史与社会学院）作为教材使用了三年；另一部分是关于历史教学法研究的论文。

历史教学法是师范类高校历史学专业学生必修课程，但在当时是安徽师范大学历史系的薄弱学科，即所谓的三无（无教纲、无教材、无参考书）学科。我是1978年10月调入历史系的，系领导鉴于我曾教过几年中学历史课，于是任命我为“历史教研室主任”。在最初几年的教学实践中，学生深感没有“抓手”，于是我开始整理讲稿，谢青同志提供了一些帮助，于1986年即出了《历史教法研究》一书，供本校历史系在校生使用，为期三年，因为这三年后必定有新问题、新观点、新材料问世。

自1979年以后，我每年都要公开发表一些关于历史教学法的论文，以听取学界对我的教学观点的反映。同时，我年年跟随毕业生进行教育实习，先后十余年，目睹了实习学校的班主任或辅导老师的多种教学方法，参阅了一些书刊的新材料，既充实了自己，又指导了学生。并在此基础之上，形成了一套较为完整的提纲，这就是《历史教材与教法》的写作纲要。1989年，包括安徽师范大学在内的17所高师院校历史系科教师聚会芜湖市，讨论和通知了我草拟的引文及章节编写提纲，确定了各章的编写人员。这样，历史教学法的协作教材《历史教材与教法》一书得以完成。

从教授历史教学法课程到整理编写《历史教法研究》再到出版《历史教材与教法》一书的十年，是改革和创新的十年，“十年磨一剑”，其剑锋芒所向是“着力培养学生的工作能力”。毕业生的客观教学实践表明，目的达到了。

现在，我把自己多年历史教学法的教学经验和研究，汇编成册，集结出版。因文章主要完成于20世纪70年代至90年代，有些提法在当时应该算一种改革和创新，故而本书命名为“历史教学法的改革和创新”。

但是时代在前进，历史在发展，一二十年过去了，书中的一些提法和观点可能已经落后于现实了，但是尺有所短、寸有所长，文中的一些提法和观点或许能为现代历史教学法的发展提供一些借鉴和启发。长江后浪推前浪，一代更比一代强。随着历史教学方式和教学策略的改变，与时俱进、实际效用更强的历史教学法必定会如雨后春笋般涌现。

罗　超

二〇一五年十月三十一日

目 录

方法篇

研究篇

附　录

方法篇

心术篇

中学历史教学法研究的对策

历史教学法是一门科学，是高等师范院校历史专业的一门必修课程。历史教学法的研究对象，既不同于普通教学法，也不同于历史学。普通教学法归属于理论教学科学，其研究的对象是各学科教学法的抽象，是中学教学的普遍规律；而历史教学法则属于应用教学科学的范畴，其研究的对象除有抽象的一面外，还有着十分明显的实践性。历史教学法研究对象的外延小于普通教学法，内涵则因限于历史教学而较普通教学法更为丰富，它包含了历史教学的全过程及其规律。

历史教学的全过程是由教和学这两个方面贯穿始终的。它分为三个环节，为什么教（学）、教（学）什么和怎样教（学），这三个环节都是有规律可循的。

为什么教（学）？即历史教学的目的性问题。我们知道《全日制十年制学校中学历史教学大纲（试行草案）》规定了明确的教学目的：通过对中国历史和世界历史上的重要历史事件和历史人物的讲授，以社会发展规律的知识来教育青年一代，培养他们的辩证唯物主义和历史唯物主义的世界观，提高他们运用历史唯物主义的基本观点来观察问题和分析问题的能力。既然如此，为什么还要在教学法的范畴内深入研究教学目的呢？这是因为大纲仅仅阐释了历史教学全过程所要达到的总的目的，它没有也不可能对这一过程中的每一阶段、每个章节、甚至每堂课的具体教学目的详加规定。忽视每堂课的具体教学目的的实现，大纲要求的总目的也就无法达到；反之，脱离历史教学的总目的，每堂课的具体教学目的也就无法确定。历史教材的内容纷繁复杂，涉及古今中外。根据不同的内容，确定每堂课的教学目的，使它成为实现教学总目的的有机组成部分，这不是一件容易的事。教学目的确定得正确与否取决于教师是否全面地把握大纲规定的总目的，是否以马克思列宁主义、毛泽东思想为指导分析和阐明历史现象的本质，是否深入地分析和领会教材，是否了解学生的实际情况和水平。在确定每堂课的教学目的时，我们可以从这三个方面来考虑：（1）给学生哪些基本的历史知识，使学生理解哪些基本的历史问题；（2）让学生在思想上受到哪些教育；（3）培养了哪些方面的能力。这三个方面落实了，教学思想才能明确，组织教材才有方向。因此，处理好教学目的和每个阶段具体教学目的的辩证关系，是教学法必须加以研究的一个首要问题。

随着现代教学科学的发展，开发学生的智能已成为整个中学教学的重要目的之一。历史教学除了传道授业外，还必须注意开发学生的智能，使他们知古通今，善于运用辩证唯物主义和历史唯物主义的基本观点来观察分析历史现象和现实状况，树立起对共产主义事业的坚定信念，并且培养学生的观察力和想象力以及分析、综合、比较、判断、推理等思维能力。一个人的智能是通过多种途径的培养而得到发展的，从某种意义上说，历史教学对学生智能开发的重要性并不亚于数、理、化。

在教学过程中，我们不应该忽略端正学生学习历史的态度这一重要方面。孔子说："知之者不如好之者，好之者不如乐之者。"只有使学生了解学习历史对于培养他们优良的个性品质、民族自豪感、爱国主义和国际主义情感等的重要作用，学生才会给历史课的学习以充分重视。这不是靠空洞的说教所能奏效的，采用什么方法培养学生学习历史的兴趣，是历史教学过程中需要引起重视的一个问题。

教（学）什么？具体地说，就是历史教学的内容。我们知道，《全日制十年制学校中学历史教学大纲（试行草案）》规定了中学历史知识的范围和分量，按照大纲要求编写的教科书是教师进行教学的依据，也是学生获取知识的主要来源。既然已经有了现成的大纲和教科书，为什么还要在教学法的范畴内研究历史教学的内容呢？这是因为每个历史教师掌握历史科学知识的深浅不同，教学经验和技巧也有差异，他们对教材内容的理解、取舍、运用是不一样的。有的教师在课堂上照本宣科，这样做教学效果必然很差；有的教师在教学中依据教材，灵活运用教材，教学效果就很好。因此，教师怎样充分利用教科书、发挥教科书在教学中的作用不能不是教学法研究的对象之一。

教师对教材的“运用之妙”，不仅仅“存乎一心”，更是有客观规律可循的。在运用教材内容时，教师既是被动的（不能超越教材对内容的限制），又是主动的（允许而且应该发挥创造性）。怎样才能做到被动中有主动、主动中有被动呢？这就必须要处理好运用教材内容时的四个关系：（1）观点与材料的关系。用辩证唯物主义和历史唯物主义观点分析和解释复杂的历史现象，做到史论结合。（2）整体与局部的关系。必须全面地钻研教材，做到从总体上把握它。所谓整体，指的是每一本教材叙述的历史发展过程的全貌和这一教材的特点、系统和重点。在这个基础上，我们才能真正掌握每一个局部的内容（指某章节或某课堂）在整体中的地位，才能使局部和整体有机地统一起来。（3）重点和非重点的关系。分析教材必须抓住重点，不能漫无限制地在每一个问题上都详加分析。我们应根据每一堂课的中心课题组织教材，做到有所取舍。对一些次要内容，只要做简明扼要的叙述即可。不分主次地向学生灌输知识，其效果往往很差。（4）历史表象和历史概念的关系。中学历史教材提供了比较丰富的史料，这是学生形成历史表象的基础。教师在讲授史料的前提下，要引导学生进行分析、比较、综合和概括，从而帮助他们获得正确、完整的历史概念。简单的历史概念一般一堂课即可形成，复杂的历史概念则需要我们在把握教材整体的条件下，经过有计划的较长时间的教学活动才能形成。怎样才能处理好这四个关系？这是教学法需要加以研究的。

教材是学生获得历史知识的来源。从教学法的角度来说，怎样指导学生使用教科书，帮助他们理解并掌握教材提供的内容，也是非常重要的。

怎样教（学）？即对具体教学法的研究。具体方法分为两个方面，其一是教师讲授历史的方法，其二是学生学习历史的方法。教师讲授历史的方法丰富多样，归纳起来主要包括四方面的具体内容。

（1）备课和进修的方法。备课和进修都是保证教学效果，提高教学质量的重要环节。教师怎样才能不断提高业务水平和教学能力，怎样做好开学前和每一节课前的教学准备工作，怎样确定教学方法，怎样拟定课时计划，怎样准备教学用具，这些都是需要认真对待的。

（2）历史教学的组织形式。中学历史教学的任务主要是在课堂教学中实现的，历史课的课堂教学根据每节课的具体任务不同，可以分为导言课、讲授新知识课、综合课、复习课和考查课等。每一种课型都有一定的结构，课型不同，其结构也就不同。例如导言课，一般是在新学期或某一阶段历史课开始讲授时采用的一种课型。教师在导言里，主要向学生介绍本阶段教材的教学目的、主要内容和基本线索，并对学生提出具体的学习要求。讲授新知识课只有一个教学环节，就是用整节课或几乎整节课的时间教授新教材的课。综合课的结构较复杂，一般有检查复习、引入新课、讲授新知识、巩固新知识、布置作业等环节。这些课型和结构的划分是相对的。教师怎样在深入钻研教材、确定教学目的的前提下，选择适当的课型？怎样创造性地变通课型模式、灵活安排教学环节？这是要认真考虑的。

历史课外活动（第二课堂）也是历史教学的一种组织形式，它对课堂教学起到辅助和补充的作用。在教学过程中，教师根据需要安排适当的课外活动，比如参观、访问、调查、组织历史专题报告会、观看历史剧等。这对扩大学生的历史知识领域，增强学生学习兴趣是有很大好处的，我们应该研究课外活动可能采用的方式，使它更加丰富多彩。同时必须不断积累经验，组织安排好每一次活动，使它达到预期的目的。

（3）历史课堂教学的基本方法。历史知识具有间接性：历史事件在时间上都是发生在过去，甚至遥远的过去；在空间上一般都发生于较远，甚至很远的地方；历史事件对学生来说是不可能亲身经历或直接进行观察的；学生历史表象的形成主要依靠教师的“语言直观”。课堂教学是一门艺术，在课堂教学中，采用什么样的教学方法帮助学生形成正确、鲜明、生动的历史表象和概念，是要下功夫研究的。在课堂教学里，教师一般采用的教学方法有讲述法、谈话法、演示法和读书法，讲述法又可细分为叙述、描述和概述。这些教学方法中，讲述法是最主要的；谈话法、演示法和读书法也常被采用，但都不能独立使用。在每堂课的教学中，究竟以什么教学法为主？各种教学法怎样配合使用？每一种教学方法怎样根据具体情况灵活运用？这都是应该充分重视的问题。

（4）历史教学的各种辅助手段。历史教学的教具设备有历史图片、历史地图、文物、模型、幻灯、录音、录像磁带、电视、电影、电子计算机等，它们又分为常用的辅助手段和现代化辅助手段两类。现代化辅助手段还处于研制、试用阶段，离普遍推广尚有距离，但也应着手研究。这些辅助手段在历史教学中分别发挥什么作用？它们的直观效果如何?怎样把辅助手段和教师的讲授有机地结合起来？这都需要研究、探讨。

学生学习历史的方法包括：怎样阅读历史教科书和历史课外读物、记笔记、做书面作业，怎样理解和记忆历史知识，怎样复习应考和开展课外历史研究小组的活动，等等。

以上我们考察了历史教学的目的、内容和方法三个环节，就历史教学全过程而言，它与哲学、教育学、心理学、历史学等多种学科有着十分密切的联系。

历史教学法的理论基础是马克思主义哲学。学生学习历史从表象到概念的飞跃，以及运用概念进行分析、判断，这实际上是由感性认识向理性认识发展的辩证过程。教师不管采用什么教学方法，归根结底是力求阐明历史发展的客观规律，帮助学生树立起辩证唯物主义和历史唯物主义世界观。

教育学所阐明的中学教学普遍规律是各学科教学规律的概括和总结。历史教学法具有不同于其他学科教学法的特殊性，它与教育学既有联系也有差别。“教育心理学”是历史教学法的基础学科。在历史教学中，必须研究学生身心发展各阶段的特点，采取适合青少年生理和心理发展特点的方式、方法，运用他们乐于接受的语言形式，以便最有效地传授历史知识。

历史教学法和历史学科的关系既有联系又有区别。揭示历史发展的规律，史和论的统一等原则是历史研究和历史教学的共性。但两者仍有很大区别，它们的范围、对象、方法不同，不能互相取代。

由此可见，中学历史教学法是一门综合性学科或者称作“交叉学科”，是哲学、教育学、心理学和历史学在历史教学实践中的具体运用。

中学历史课的教学目的、内容和方法三个环节以及教和学的两个方面构成了具有专门特点的历史教学过程。为了揭示和认识这个教学过程的本质属性及其特有规律，就必须从普通教学法、教育学和心理学中抽出来，逐个加以研究。因此，中学历史课教学过程及其规律，必然构成了作为分科教学法之一的历史教学法的研究对象。

这里应该指出，至今仍有两种不正确的看法：一种看法认为，历史教学的方法是随意采取的方法，在同一场合，可以用这种方法，也可以用另一种方法，因此无规律可循。这种看法是错误的。诚然，方法是多样的，但在一定场合，只能有一种方法是最佳方法，运用这种方法就会事半功倍，费力少而效果好。此时此地是成功的经验，易时易地就可能导致失败。换句话说，任何方法的使用，无一不受主客观因素的制约，而诸种因素之间的联系和制约，就体现出它的必然性、规律性。另一种看法认为，历史教学活动既然有规律，那么这种“规律”就是某种“模式”，只要套用“模式”一切问题就会迎刃而解。这种看法也是错误的，规律绝不是模式，教学活动是创造性的劳动，它不能套用固定模式，我们应在规律指导下进行创造性的工作。

历史教学与爱国主义教育

第五届全国人大四次会议的政府工作报告中指出："各级学校都要加强中国历史和地理的教学，这是向学生进行爱国主义教育的一个重要内容。"政府工作报告中为什么提出加强中国历史教学呢？我们认为，这是因为历史是进行爱国主义教育的一部极好教材，在历史课中进行爱国主义教育，比其他学科具有特殊的优越性：它不但内容生动、故事性强、学生易于接受，而且它本身便具有知识教育和思想教育相一致的特点。现在，我们历史教师面临的任务，就是如何通过历史教学，更好地向学生进行爱国主义教育，这也是建设以共产主义思想为核心的社会主义精神文明的一项重要内容。本文试就这一问题，提出几点粗浅看法，以便和大家一起进行探讨。

一、要明确什么是爱国主义，它在不同的历史时期和不同的历史范围内，其内容和特点又有什么不同

什么是爱国主义？爱国主义就是人们对祖国的热爱、对祖国的深厚感情。正如列宁所说，"爱国主义就是千百年来巩固起来的对自己祖国的一种最深厚的感情。"（《列宁全集》第28卷，第168—169页）人们为什么会对自己的祖国有这种深厚感情呢？这是因为人们总是要在祖国这个政治、文化和社会的特定环境中进行各种不同的斗争。而在各类斗争中，最先开始的就是竭尽全力为祖国和人民的前途和利益而进行的斗争。正是在这种斗争中，产生和形成了热爱祖国的深厚感情。因此，我们在历史教学中进行爱国主义教育的中心任务，就是教育和培养青少年学生热爱祖国的神圣情感，把"祖国母亲"铭刻在他们的心灵深处，以激发他们为保卫祖国、振兴中华，实现四个现代化而勤奋学习的自觉精神。为了实现这一目的，我们就要深入发掘历史教材中的爱国主义内容。

历史教材中的爱国主义内容，其范围是很广泛的。大体来说，主要包括中共中央宣传部和中共中央书记处研究室在《关于加强爱国主义宣传教育的意见》中所提出的爱国主义宣传教育的十个方面内容，即：宣传祖国新貌和建设成就；宣传英雄人物、先进集体的模范事迹；宣传成功的建设经验；宣传祖国的壮丽河山、名胜古迹；宣传重大的历史事件和著名的历史人物；宣传历代杰出的文艺家及其作品；宣传历代杰出的科学家及其贡献；宣传历代文物；宣传各民族人民对祖国的历史贡献；宣传侨居国外的爱国者和世界各国的著名爱国者。这些内容在《中国历史》和《世界历史》教材中都有丰富的素材。

然而，作为一种意识形态，爱国主义是一个历史的范畴，它的具体内容在“中国古代史”“中国近代史”和“中国现代史”三个不同的历史时期，以及在地方史和世界史的不同历史范围内有所不同。就是说，它们既有某些共同性的内容，如：反对国家和民族的分裂、维护国家的统一和民族的团结；反对外国侵略、维护祖国的独立生存和领土完整；反对阻碍历史发展和社会进步的反动社会制度、反动社会势力、反动阶级以及推动历史发展和社会进步所作的英勇斗争、丰富和发展祖国物质文化财富以及为中国文明和世界文明所作的杰出贡献等。但也有其各自不同的内容和特点。一般来说，鸦片战争以前的“中国古代史”时期，爱国主义主要表现为反对分裂，反对民族压迫，以及反对统治阶级内部昏庸腐败和反对专制制度所作的英勇斗争。在“中国近代史”时期，爱国主义主要表现为反对外国侵略，保卫祖国的独立和领土完整，以及反对和外国侵略者相勾结的反动统治及其代表人物。在“中国现代史”时期，爱国主义则主要表现为在共产主义思想指导下，把争取实现中华民族的彻底解放和实现社会主义的远大前途以及和世界革命事业紧密结合起来。至于在“地方史”①

①《全日制十年制学校中学历史教学大纲(试行草案)》规定:“中国历史在完成教学任务以外,各省、市、自治区可以自编地方乡土教材,补充教学。”根据这一规定,现在不少地方的学校都恢复和加强了地方历史教学,作为“中国历史”教学的补充,而且在地方历史教学中,一般都特别重视和突出爱国主义教育。因此,地方历史教学在爱国主义教育中,将会发生愈来愈大的作用。

和“世界史”中贯彻爱国主义教育，前者主要是培养学生的“故乡情”。因为一个人的“故乡情”愈浓烈，那么，他对“祖国母亲”的感情便会愈加深厚。所以苏联著名教育家加里宁说：“关于爱国主义教育，是从深入认识自己的家乡开始的。”而后者主要是可以提供比较，以便使学生站在世界史的角度，了解中国在世界历史上的地位、作用和贡献，也可以使学生从世界史上著名爱国者的英雄事迹中受到启迪。历史教师的任务，就是要从古今中外以及地方历史教材中，既要注意发掘共同性的爱国主义内容，又注意发掘各自不同的爱国主义内容，以便有针对性地和有重点地进行爱国主义教育。

二、要明确在历史教学中贯彻爱国主义教育是一项长期的任务，要有计划有目的地进行

古今中外，利用历史向人民进行爱国主义教育是十分常见的。国家领导人提出加强中国历史教学，是为了鞭策我们历史教师在历史教学中更好地对广大青少年学生进行爱国主义教育，绝不是什么权宜之计。中学历史教学大纲明确规定，我们的历史教学既担负着传授历史知识，又担负着培养能力、发展智力和进行思想教育三个方面的任务，而爱国主义教育则是思想教育中最突出的中心内容。所以说，在历史教学中进行爱国主义教育，是历史教学本身所要完成的一项长期任务，应该贯穿在全部历史教学活动中，有计划、有目的地进行。所谓有计划地进行，就是要求教师对自己所讲授的每门历史课程，都要在通读教材的基础上深入发掘爱国主义素材，然后以学期和单元为单位，具体列出爱国主义教育的内容和拟定进行爱国主义教育的方法。只有这样，爱国主义教育才能落到实处。所谓有目的地进行，就是要明确我们在历史教学中进行爱国主义教育，不是为了引导学生去发思古之幽情、陶醉于历史上所取得的成就，而是为了使学生了解过去、知道现在、热爱祖国、奋发图强。为了实现这一目的，每个历史教师都要不断提高进行爱国主义教育的自觉性，将爱国主义教育体现在每一章节的教学目的之中。只有这样，爱国主义教育才能达到一定的深度，才能坚持长久，贯穿始终，才能收到良好的效果。

当然，要想圆满地完成历史课中的爱国主义教育任务，教师必须不断提高自己的爱国主义思想修养。因为爱国主义教育是塑造青少年学生心灵美、培养青少年学生高尚思想情操的工作，只有教师具有饱满的爱国热情，才能感动学生，使学生张开心灵的花朵，吸收爱国主义的甘露，结出爱国主义的硕果。

三、进行爱国主义教育时，必须妥善处理好几个问题之间的关系

（1）处理好传授历史知识和进行爱国主义思想教育之间的关系。

在历史教学中进行爱国主义教育，不能脱离教材孤立地进行。那种画蛇添足、不着边际、生搬硬套地另加一条政治尾巴，或者慷慨激昂地另讲一通爱国大道理，都不会收到好的爱国主义教育效果的。正确的方法是要寓爱国主义教育于传授历史知识之中，这是处理好传授历史知识和进行爱国主义思想教育关系的根本途径。因为由历史现象、历史事件、历史人物构成的历史基础知识，其本身就包含着丰富的爱国主义素材，既是重要的历史基础知识，又是爱国主义教育的重要内容。只要在讲清历史事实的基础上，结合爱国主义教育，即寓爱国主义教育于传授历史知识之中，就能使学生感到亲切可信，从而收到更好的思想教育效果。

例如，中国历史课本中出现的许多杰出人物、民族英雄、爱国志士，他们或者是刻苦钻研、锲而不舍，置个人得失于度外，为国家和世界文化作出了杰出贡献；或者是抛头颅、洒热血，为捍卫国家的独立、民族的尊严，贡献出了自己的一切，甚至宝贵的生命。这些人的光辉业绩，不仅是历史基础知识教育的主要内容，还是进行爱国主义思想教育的主要内容，只要我们以可靠的史实、准确的言语，富有感情地讲清楚这些人的英雄事迹，使学生对这些人有一个确切而真实的了解，就能激发学生的民族自尊心，就能陶冶学生的思想情操，就能培养学生热爱祖国的神圣感情。

（2）处理好爱国主义教育和国际主义教育的关系。

爱国主义是一个历史的概念，不同的时代、不同的阶级或阶层，都有自己爱国主义的具体内容。目前，我们所说的爱国主义，是无产阶级的爱国主义，无产阶级爱国主义与无产阶级国际主义结合在一起。因此，我们在历史教学中进行爱国主义教育，不是向青少年学生宣传封建时代的专制武功，不是宣传大国沙文主义，也不是宣传闭关自守、盲目排外，一句话，就是不能允许有任何狭隘的民族主义和种族主义偏见。而是为了增强学生的民族自豪感和民族自信心，树立为振兴中华、建设四个现代化和实现共产主义远大理想而献身的崇高精神，这种崇高精神与无产阶级国际主义精神是相一致的。

所以说，为了处理好爱国主义教育和国际主义教育之间的关系，必须把爱国主义教育和国际主义教育切实联系起来，教育学生既要胸怀祖国，又要放眼世界；既不要妄自菲薄，又不要妄自尊大；既要强调中华民族对世界文化的杰出贡献，又不贬低别国人民为创造世界物质文化财富所作出的努力；既要表彰中国历史上的爱国者，又要赞扬其他国家人民为保卫自己祖国独立所作的英勇斗争。正如刘少奇同志所说："纯正的爱国主义尊重其他民族的平等，同时希望世界人类优秀的理想在自己国内实现，主张各国人民的亲爱团结。"（《论国际主义与民族主义》）因此，我们的爱国主义教育必须和国际主义教育相结合，在我们热爱祖国的思想感情中，必须贯穿无产阶级国际主义精神。

（3）处理好表彰民族英雄和宣传民族团结的关系。

我国是一个统一的多民族国家，在我国的历史上，特别是古代历史上，由于各族内部统治阶级的挑动，民族之间的战争时有发生，有时甚至十分残酷。而后世传颂的民族英雄和课本中出现的英雄人物，又往往是在民族战争中涌现出来的，如岳飞、文天祥、史可法、张秀眉、李文学、杜文秀等。如何正确地、恰到好处地表彰这些英雄人物的历史功绩，而又有利于宣传民族团结，就显得十分重要了。在进行爱国主义教育时，历史教师一定要注意和处理好这两者之间的关系。

为了处理好这两者之间的关系，首先要分清民族战争双方的正义性与非正义性。汉族统治阶级对少数民族进行压迫而引起的战争，正义性便在少数民族一边，如清代的苗民、回民起义等。而少数民族统治阶级为了侵犯和掠夺汉民族而引起的战争，正义性就在汉民族一边了，如西汉对匈奴、宋代对蒙古、明代反对满族入关的斗争等。我们所说的民族英雄应该是指那些在正义战争中出现的英雄人物，只有这样，我们才能对民族英雄的概念有一个正确的理解，否则就有可能走向大汉族主义或民族分裂主义的泥坑。

其次，我们表彰正义战争中的民族英雄，批判奸贼叛徒，其目的不是要挑起民族仇恨、追究历史责任，而是为了总结历史的经验教训，使广大青少年学生能够明辨历史上的大是大非，懂得站在人民的立场上，对于历史上出现的不同类型的民族战争知道应该采取什么样的态度。而且应该使学生懂得，在剥削阶级占统治地位的历史条件下，我们各民族之间所发生的侵略与被侵略、压迫与被压迫的民族战争是不可避免的，只有在中国共产党的领导下，消灭剥削阶级，各民族之间的团结才能真正实现，各民族之间的战争才能最终消失。

（4）处理好内容感染与语言感染之间的关系。

前面我们已经说过，历史教材中含有丰富的爱国主义素材，我们在进行爱国主义教育时，绝不能靠空洞的说教或者是哗众取宠式的宣传，而应主要以教材内容中丰富的爱国主义素材为依据进行爱国主义教育，也就是以内容感染为主。

虽然应该以内容感染为主，但是仅仅依靠内容感染也是不够的，还必须和语言感染紧密结合起来。因为历史教材中出现的杰出人物，他们的思想和活动、生活和经历是十分丰富的，是有血有肉的，而我们的教材在抽象、概括这些人物的事迹时，往往只是寥寥数语或简单几笔。为了再现这些人物的先进业绩，并使他们的光辉形象能够活在学生的心灵中，教师要以教材内容为依据，并用自己富有感情色彩的语言传授给学生，使学生能有身临其境之感，能够形成具体的道德形象，从而得到良好的爱国主义教育效果。而内容感染和语言感染的有机结合，正是我们所要探究的。

当然，正确地处理好课堂教育和课外教育的关系、系统性教育和形势教育的关系等，也是很重要的，这里就不一一述及了。

历史教学与审美教育

审美教育在历史教学中的地位，取决于党的教育方针，取决于历史学科的特点。

历史教学活动同其他学科一样，必须彻底贯彻党的教育方针，必须培养适应四化建设需要的全面发展人才。然而，什么是党的教育方针呢？1952年教育部颁布的《中学暂行规程（草案）》中，明确规定要对学生进行德、智、体、美诸方面全面发展的教育。其中对“美育”的具体要求是：“陶冶学生审美观念，并启发其创造才能。”后来，“美”育被排斥在党的教育方针之外，“美”成了资产阶级的专利品，美育成了修正主义的同义词。十年动乱期间，社会一片混乱，广大青少年不知“美”是何物。粉碎“四人帮”后，美育工作逐渐恢复。1980年，许多人建议美育应和德、智、体三育并列为四育，列入我国教育方针。1981年5月2日，万里副总理对孩子们说，党和国家非常希望孩子们好好学习，天天向上，在德育、智育、体育、美育几方面得到发展，成为有高度科学文化知识，有建设四化能力的接班人。1983年，党和国家领导人曾多次指出，应使青少年在德育、智育、体育、美育上都能得到全面发展，真正能够成为在将来能承担社会主义现代化建设、实现共产主义理想的接班人。近年来在全国范围内开展的“五讲四美三热爱”活动，得到全国人民，尤其是青少年的热烈响应，这是一次前所未有的大规模的审美教育活动，是党的教育方针的生动体现。可见，美育应是党的教育方针的重要组成部分，任何轻视美育的观点都是错误的。

讲到历史学科的特点，我们通常说，在阶级社会里，一部文明史是阶级、阶级斗争的历史，是一些阶级胜利了，一些阶级消灭了的历史。这是马克思主义的判断，无疑是正确的。同时应看到，从某种意义上说，人类历史也是劳动创造美的历史。马克思在《1844年经济学哲学手稿》中说："人也按照美的规律来塑造物体。"史实证明，随着社会经济的发展，人们不仅创造了日益丰富的物质财富，还创造了日益丰富的精神财富，其中包含着愈来愈高级的美的创造。以中国历史发展而论，从早期的人面鱼纹彩陶盆之美，高度工艺水平的青铜艺术之美，琳琅满目的汉代绘画、石刻、织锦之美，到宋元山水意境之美，还有诗人作家们如屈原、李白、杜甫、关汉卿、曹雪芹等的诗歌、戏曲、小说之美，令人陶醉，叹为观止。这是中国人民创造美的历程。从现行教材和现实教学状况来看，历史教师在自己的教学活动中已经在进行着审美教育，但这种教育还没有明确其应有的地位，没有引起足够的重视。

综上所述，无论从党的教育方针来看，还是就历史教学本身而言，美育都应成为历史教学的重要目的之一，历史教师应像抓德育、智育那样，抓好审美教育，应该研究好历史教学中审美教育的内容、任务和主要途径。

一、历史教学的美育内容

以美育范围作为划分标准，人们通常把美育分为自然美、社会美和艺术美三类。这种划分同样适用于历史学科，所不同的只是历史的社会美和艺术美占据主要地位，而历史的自然美常常和社会美、艺术美融为一体，自然美通过社会美、艺术美得以表现。

关于自然美。自然美是自然景物所显示的美，如李白写长江的浩渺无际时，说："孤帆远影碧空尽，唯见长江天际流。"写黄河奔腾咆哮、一泻千里的景色时，说："君不见黄河之水天上来，奔流到海不复回。"写庐山瀑布飞泻喷涌的壮观时，说："飞流直下三千尺，疑是银河落九天。"又如北魏的《敕勒歌》："敕勒川，阴山下，天似穹庐，笼盖四野。天苍苍，野茫茫，风吹草低见牛羊。"上述长江、黄河、庐山瀑布、阴山草原之美，我们绝大多数师生不是通过亲眼所见、直接感受而来，而是通过艺术美（诗、词、歌、赋）所得，是间接经验的产物，但它能陶冶性情，开阔胸怀，激发学生对祖国的壮丽河山的无限热爱。

关于社会美。历史的社会美是以历史人物为中心，由历史人物的言行所显示的美。这类审美教育常常和德育结合，表现为美德教育。岳飞、文天祥、林则徐、谭嗣同、林觉民、夏明翰、刘胡兰……从古到今的爱国者、改革家、革命家，他们的精神境界何等崇高！他们把理想、信念看得比生命还宝贵，他们用满腔热血谱写了壮丽的历史篇章，他们是心灵美的典型。刘备、诸葛亮、唐太宗的事迹是人们所熟知的，刘备三顾茅庐，诸葛亮联吴抗曹，唐太宗善于纳谏，不是既给后人以启示，又给人们以美感吗？历史人物的生活情趣和生活节奏也显示着美感，他们追求美、创造美，给后人留下了珍贵的财富。司马迁踏遍全国各地，历尽十余年艰辛，写成了一部杰出的历史著作《史记》；李时珍走访了长江和黄河流域的很多地方，用了二十七年的时间写出了药物学巨著《本草纲目》，这是追求美、创造美的胜利凯歌。我们还应该看到，社会生活中的“美”与“丑”，总是互为前提、互为条件的，二者相比较而存在，相斗争而发展。进步与倒退，爱国与卖国，改革与守旧，革命与反革命，相反相成，互为依存。岳飞与秦桧，一美一丑，互为条件，对秦桧丑行揭露得越是淋漓尽致，岳飞之美也就显得更加充分。因此，应重视“丑”在美育中的特殊作用。

关于艺术美。历史的艺术美不同于自然美和社会美，它是社会存在的反映，是内容美和形式美的统一，是塑造美和审美的统一。它不仅显示自然和社会的美，而且表现艺术家的心灵美。历史课本中表现较多的艺术美主要是“视觉艺术美”和“语言艺术美”。“视觉艺术美”包括舞蹈、绘画、雕塑、建筑、书法。“敦煌飞天”表现的是舞蹈艺术美；“马王堆汉墓帛画”“唐代花鸟纹锦”“清明上河图”是绘画艺术美；云冈石窟、莫高窟艺术宝库和秦皇陵兵马俑突出地表现了雕塑美；长城、故宫、大成殿表现了建筑美；书法艺术是中国特有的传统艺术，有独特的风格和流派，表现人们的情趣、美感。“语言艺术美”主要是指古典文学作品，它的种类和体裁很多：属诗歌者，课本简明介绍了《诗经》和诗人李白、杜甫、白居易等；属散文者有韩愈、柳宗元等“唐宋八大家”；属戏剧、小说者，有关汉卿、罗贯中、施耐庵、吴承恩、曹雪芹等。可以看出，历史课本所涉及的艺术美范围极其广阔，内容极其丰富，是审美教育的好教材。

二、历史审美教育任务

首先，历史审美教育的首要任务是娱乐教育、爱美教育。历史之美充满着乐趣，给人们以美的享受。历史教师应当利用可能手段，使学生对历史课产生美感，感到听课是美的享受，这必将激发他们去追求美、创造美。爱美之心人皆有之，问题在于区分什么是真正的美，什么是不美，什么是丑。在现实生活中，人们既追求现实的美，创造未来的美，又需要回顾和欣赏历史的美，用历史的美美化现实生活。一个人如果有着丰富的历史美感，那么他的精神生活会更加丰富，更有趣味，道德情操也会更加高尚。

其次，历史的审美教育是一种情感教育，尤其是培养学生爱国主义情感的教育。列宁说：“没有‘人的感情’，就从来没有也不可能有人对于真理的追求。”（《列宁全集》第20卷，第255页）又说：“爱国主义就是千百年来巩固起来的对自己祖国的一种最深厚的感情。”（《列宁全集》第28卷，第168—169页）可见列宁非常重视“人的感情”。人们把心理活动分为理智的、意志的、情感的三种接连相续的状态，理、意、情三者互有联系，不可分割。如果说向学生提供历史知识，说明道理，揭示历史的规律性，培养学生树立起崇高理想，可以叫作“晓之以理”。那么，进行审美教育，能使人变化气质，改造品性，也可以树立崭新的世界观。因为感人的艺术品总是理想的代表，真、善、美的代表，这叫作表现感情、“以情感人”。就历史教学现状而言，虽然也注意到历史课的生动性、趣味性，但远远没有把“以情动人”作为自己的教学任务。

最后，在中学历史教学中进行审美教育，还要着意端正学生的审美观，积累学生的审美经验，提高学生的审美能力。青少年时期是追求美的时期，也是审美观正在形成、缺乏审美经验和审美能力偏低的时期。正因为如此，中学历史教师的审美教育活动更有其特殊意义。教师要教育学生树立正确的审美观，能够辨别什么是真、善、美，什么是假、丑、恶，要懂得一些美学的基本常识。审美经验是逐步积累的，没有审美经验，就无法进行审美活动。正如现在历史教学中常常见到的一样，师生对青铜器上的纹饰及其含义一无所知，又怎么能感知到青铜器之美呢？所谓审美能力，是指立足于正确的审美观，有一定审美经验基础之上的欣赏、批判和创造“美”的能力。我们看到学生拿到课本以后，总是爱先看彩色插图，因为这些插图在色彩上给人以美感，这就说明学生有美的追求。如果在几幅彩色插图看完之后，学生却难以领略其中的美境，就说明学生的审美能力有待提高。经教师指导之后再去欣赏插图，学生有了新的感受，就说明学生的审美能力有了提高。简单的模仿是青少年的共性。历史教师还要引导他们通过对简单的“美”的模仿去创造更新更美的艺术形式，这在审美能力中是一种更高级的能力。

综上所述，历史教学中进行审美教育的三项任务充实和丰富了我们通常所说的“教学目的任务”，今天当我们重新研究中学历史教学的目的任务时，应该含有审美教育任务。

三、历史课进行审美教育的主要途径

通过历史教学进行审美教育的具体途径有很多，可以“寓美育于课堂教学之中”，也应该“寓美育于课堂教学之外”。事实表明，课外的、校外的、家庭的、社会上的美育因素对学生熏陶、影响同样是重要的。学生接受审美教育通过视觉和听觉两个渠道，一切可供学生看的和听的均可进行审美教育。我们承认，各中学的条件有很大差别，但我们既要从现状出发，重视充分利用现有条件，同时要提出设想，创造条件，逐步利用现代化视听设备。无论是利用传统的教学方法还是利用现代化设备，审美教育的根本途径必须是以形象、感情和欣赏为主。

例如，现行课本在介绍“战国编钟”时既有彩色插图，又有文字说明，堪称形象、生动，然而从审美角度看，却远远不够。课文写道：“编钟音色优美，音域很广，变化音比较完备，能演奏古今乐曲，真是我国古代文化艺术的瑰宝。”什么是“音色”“音域”“变化音”？学生何以会有优美感？这些问题不仅学生不懂，恐怕连历史教师也感到茫然。如果能把由编钟演奏的古今名曲录制下来，结合课堂教学及时播放，供师生欣赏，那将会别有情趣。

又如，师生从课本上得知：关汉卿是著名的戏剧作家，《窦娥冤》是关汉卿最出色的代表作，这个剧本大胆揭露了封建统治的黑暗，同时热情歌颂了人民的斗争精神。课本还指出，关汉卿的作品，无论在思想上和艺术上都闪烁着灿烂的光彩，深受人民的喜爱。因为学生没有看过关汉卿的剧本《窦娥冤》，所以课本的这么一大段文字对学生而言，只能是囫囵吞枣，食而不知其味。如果能有《窦娥冤》一剧的电视录像供历史教学之用，学生通过自己的艺术欣赏来领略其中之美，那么，剧作艺术的灿烂光彩将是十分耀眼的，人们的喜爱之情会油然而生。

由此可见，建设一套供历史教学使用，以形象、感情和欣赏为主的录音磁带和电视录像或者电影教学片是十分必要的。这套设备应包括古典乐器介绍和乐曲欣赏，古典诗词朗诵，古代文物介绍，有代表性的剧目、小说及历史人物传记、饶有趣味的历史故事，等等。如果能把这些富有美育因素的形象素材有计划地归于历史教学之中，那么，整个历史教学的面貌，从内容到形式，从原则到方法，将会发生颇为深刻的变化。

以上我们强调指出历史课审美教育的主要途径应以形象、感情和欣赏为主，但绝不意味着“抽象”和“理解”可有可无。实践证明，只有理解了的东西才能更深刻地感觉它。审美教育离不开科学的抽象和对质的理解。例如，审美过程中审美观、审美判断，什么是真、善、美，什么是假、丑、恶，均和一个人的哲学观点、政治观点、道德观点有联系，看不到这种联系是错误的。

新版课本的若干特点

从1982年秋季起，各地普遍使用新版历史课本，至今已有三年。三年来，人们积累了不少经验，也提出了一些问题。例如，新版课本有哪些主要特点，如何进一步学习和掌握新版课本等。这些问题的提出，要求我们对新版课本作一番比较系统的研究。

要了解新版课本的特点，必须追述近几年来教材变动的情况。

近几年来，中学历史课本有两次较大改动。一次是1980年8月人民教育出版社发布《全日制十年制学校中学历史学科教学内容要点》。另一次是1982年的改动，这次修改后的课本不再是“试用本”，而是作为统一的正式课本在全国各地使用。两次改动情况不同，分述如下。

1980年修改的要点有：

（1）改变了古今史的比例和某些编、章编排。改动前，中国古代史和中国近代史为4∶6；改动后，各占一半，古代史部分上两个学期，近代史部分也上两个学期。古代史部分原第三编第二章“民族大融合和封建社会的繁荣”有所扩展，由原来的一章改为两章。中国历史第三册原第二编也改为两编，一编是“中国资本主义的产生、甲午中日战争”，另一编是“戊戌变法、义和团运动”。这些变动，表面看来只是局部的量的变动，其实有重要意义。

（2）增补了一些一度被回避的历史常识。中国古代史部分增补较多，如“黄帝、尧、舜、禹的传说”“周公东征”“七国之乱”“八王之乱”“科举制度”“方腊、宋江起义”和“明朝厂卫特务统治”等。特别要指出的是，这次修改还较多地增加了诸如“文景之治”“贞观之治”等封建时代“太平盛世”的内容，并给予肯定性的评价。

（3）实事求是地评述农民战争和农民领袖人物。修改本删掉了以往任意拔高和乱贴阶级标签的语句。如旧课本说黄巢起义把封建秩序完全颠倒过来了，李密野心不断膨胀，妄图重建地主阶级的统治，韦昌辉是阴险狠毒的野心家，上述不妥提法一一删去。对洪秀全、杨秀清等著名农民革命领袖人物，新课本既肯定他们的伟大历史功绩，又指出他们后期的错误，这样的评述是适当的。

（4）中国历史第四册增写了刘少奇等无产阶级革命家的活动，也妥善地处理了后期犯了错误有争议的历史人物。关于刘少奇的革命活动有：毛泽东派刘少奇到安源，加强对罢工斗争的领导；中共中央宣布重建新四军军部，任命刘少奇为政治委员；党的七大期间刘少奇作《关于修改党章的报告》；中国人民政治协商会议的召开一段中有“选举朱德、刘少奇……为中央人民政府副主席”。这些极其重要的补充，恢复了刘少奇的光辉形象。此外，对后期犯了错误的人也不是一笔抹掉，而是据实说明。如陈独秀前期曾“担任党中央书记”；林彪是“八路军一一五师师长”“1948年3月，中央军事委员会命令林彪、罗荣桓率领东北人民解放军……将东北的敌人就地歼灭”。

综上所述，可知1980年教材改动的基本精神是拨乱反正，实事求是。我们知道，党的十一届三中全会确定的“解放思想，开动脑筋，实事求是，团结一致向前看”的方针，是胜利实现历史性伟大转折的方针。正如胡耀邦同志所说：“十一届三中全会的巨大意义，就在于它真正开始了全面的、坚决的、依靠群众和深思熟虑的拨乱反正。”正是在十一届三中全会指导方针的指引下，历史课本才有如此巨大的变动。仅从教材建设角度而言，这次改动不仅是粉碎“四人帮”以后，还是中华人民共和国成立以来有转折意义的重大改动。如果没有那一次改动，也就不会有今天这种样式的正式课本。

继1980年修改之后，1982年对课本作较大改动。1982年改动的要点有：

（1）补充了一些历史常识知识，以加强爱国主义教育。例如中国古代史部分增加了越王勾践“卧薪尝胆”的故事，青年班超“投笔从戎”的故事，祖逖“闻鸡起舞”和“击楫中流”的故事。在“金灭宋”一目中增加了东京保卫战的内容；在南宋军民抗金中提到宗泽和韩世忠的抗金事迹；在民主革命时期，对反抗外来侵略的国民党爱国将领也都给予一定的历史篇幅。新的修改本增加了“八一三”事变后国民党爱国官兵保卫上海四行仓库的事迹，补充了台儿庄战役，并提到李宗仁的重要作用。新的世界历史修改本，具体生动地介绍了贞德的感人事迹。所有这些，都是进行爱国主义教育的极好素材。

（2）新的修改本更加重视文化史、思想史和科技史教育，改变了一些不当提法，增加了若干内容。例如，删去了孔子的阶级出身和“他思想是保守的”的提法，也删去了“天命论”的内容；指明老子的《道德经》“包含有辩证的思想”。又如新的修改本对唐诗、宋词、唐宋散文均有较多介绍，包括诗人、词人留下的传世名句、名作。对明末清初思想家顾炎武的学以致用主张也略加说明。世界历史新的修改本“资本主义进入帝国主义阶段”一章中增添了科技史内容，具体反映了当时科学技术的新突破。

（3）新的修改本在每一章（或节）的后面附有练习题。以世界历史上册为例，共有83道练习题，主要包括问答题、名词解释、列表等形式。所有练习题都是围绕本章、本节的重点而设计的，练习题所考察的时间、人物、事件都是重要的基础知识。练习题的增设对培养和发展学生的智能有重要意义，是历史教科书结构的新突破。

（4）增加了彩色插图和黑白插图，使课本更加生动、直观。六册课本，每册都有彩色插图，《中国历史》第一册有彩色图11幅，第三册有彩色图10幅。《世界历史》上册有彩色图5幅。除彩色图外，又增加了许多黑白图。如《世界历史》上册，原有插图58幅，修改时删去5幅，增加46幅，合计99幅，其中历史地图25幅。应该说，彩色插图和黑白插图的大量增加，也是新课本的一大特色。

综上所述可知，经过1982年修改的目前各地采用的正式历史课本，从内容到形式都不同于原课本，它更加完善，更加实用，这是历史教材建设的又一重大进步。在修改后的正式课本里采纳了近几年来历史科学研究所取得的最新成果，也吸取了国外许多中学历史课本的有益做法和成功经验。应该说，这是一套好课本。

经过两度修改后的正式课本与原试用课本相比较，具有如下一些特色：

（1）正式课本的通史体的编排形式与以往试用本相同，没有变化。按照这种编排形式，按社会发展阶段分“编”；“编”中按时间先后、朝代更迭顺序分“章”；“章”中按政治、经济、文化等不同内容分“节”；“节”与“节”之间的时间顺序成交错状，可依时先后，可同时并举，也可插述倒叙。这是几十年形成的传统的历史教科书编排方法。

（2）与试用本比较，正式课本有增有删，增多删少。例如，《中国历史》第一册增15页，第二册增15页。《世界历史》增加更多，上册增47页，下册增73页。一增一删，不但是数量的变化，而且是质量的提高。所增者，或者是基础知识的扩展，或者是订正史实、改变提法；所删者，或者是史实有误，或者是为以往拔高不实、空泛无物之词。所以我们说，正式课本在“质”和“量”两方面都有新高度。

（3）正式课本的突出特点和优点是实事求是、科学性强。如正式课本实事求是地评述“文景之治”“光武中兴”“贞观之治”“开元盛世”等封建时代的“太平盛世”。正式课本在详细叙述被剥削阶级与压迫阶级反抗斗争的同时，对中央与地方、中央政权内部、地方割据势力内部纷争也有所交代。正式课本实事求是地评价了从古到今的一系列重要历史人物，其中有思想家、政治家、革命家，摒弃了强加于历史人物的或褒或贬的种种不实之辞。我们要做到“史论结合”，要在历史教学中进行种种思想政治教育，必须以科学性为基础。正式课本实事求是、科学性强的特点，对整个历史教学有重大意义。

（4）正式课本不仅在内容上有所充实、有所改进，而且在形式上也有明显革新。如前所述，正式课本补充了许多插图，增加了彩色插图和练习题，等等。这些形式上的革新，其作用不只是课本美观、形象，有利于进行教学，而且有利于提高学生学习兴趣，发展学生的想象能力，培养学生记忆和运用能力。由此我们可以说，正式课本是内容与形式的更加完美的统一。

认真学习、深入理解、熟练掌握正式课本，是搞好历史教学，提高历史教学质量的前提。如何学习和掌握历史课本内容呢？现在普遍存在着“推着干”的现象，讲一课，学一课；讲一章，学一章；甚至讲过一两遍，不备课就去登台讲课。这种习惯做法不利于提高教学质量。现在，新教材已经使用三年，历史教师已经取得初步经验。在此基础上，我们应该也有可能对新教材做更深入地研究。为了更好地开展这种研究，特提出如下建议。

首先，要抓纵向研究。纵向研究就是进行分门别类知识系列的研究。例如“历史人物”类，四册《中国历史》和两册《世界历史》分别讲到哪些历史人物；哪些是重要历史人物，哪些是次要的；哪些历史人物学生有所知，哪些历史人物学生一无所知；一个阶段、一个学期、一个学年，学生应该熟悉哪些历史人物；等等。又如“历史概念”类，翻开历史课本，每节、每页都涉及一系列概念，哪些是一般概念，哪些是历史概念；每一册课本究竟使用了哪些历史概念，哪些历史概念可以一次形成，哪些历史概念则应多次反复、逐步形成；哪些历史概念是常用的，哪些历史概念并不常用；等等。同样，对“历史事件类”“历史规律类”“时间类”“空间类”乃至“习题作业类”均应进行研究，找出各类的“知识系列”，以便在此基础上制定出每一学期乃至每一阶段的知识规范。

要做到这些，必须通读课本。通读不是粗读，通读要求做到从全局上、总体上了解课本。一个历史教师集中一段时间通读六册课本可能有一定的困难，但结合自己从事的教学工作，或者通读四册《中国历史》，或者通读两册《世界历史》则是完全可行的。

其次，要继续加强横向研究。教师备课所采用的方法主要是横向研究法。这种研究法着眼于一编，更多的是着眼于一章，极力寻求出章与章、节与节、目与目之间的知识联系。但这种研究不能认为已经“差不多”了，而实有继续加强的必要。以《中国历史》第一册“封建制度的确立”一目为例，涉及下列许多极为重要的知识：“封建制度”和周初“分封诸侯”的区别在哪里？“封建制度”和“封建社会”有何细微差别？“地主”和“贵族”又有何同异？什么是“自然经济”？什么不是“自然经济”？“为什么说农民和地主是封建社会的两个基本对立阶级”？除此而外，还有非“基本”的“对立阶级”。又为什么说封建社会的主要矛盾是“农民阶级和地主阶级的矛盾”？那么，封建社会的“次要矛盾”是哪些矛盾呢？对于这些问题，姑且不谈学生掌握得如何，仅就历史教师本身来说，恐怕也有继续加强研究及深入学习的必要。

新版教材的新精神固然表现为章、节、目的明显变动，但更多的是反映在每一个提法，每一段文字表达之中，甚至同一史实位置的颠倒，也意味着评价不同。关于孟子思想的评价就是如此，试用本写道：“他公然宣扬剥削压迫有理的理想，说：劳心者治人，劳力者治于人……但是他又说：‘民为贵，君为轻’，认识到人民的力量不可轻视。”正式课本则把孟子思想中积极的东西“民为贵，君为轻”提到了前面，而把消极因素排到后面，位置的颠倒说明评价不同。所有这些都需要我们逐节逐段地、逐字逐句地进行推敲、研究，这就是我们所说的加强横向研究。

再次，要开展比较研究。比较研究法是人们认识事物的重要方法。通过同类事物的比较，可以开阔视野，深化认识。同样，学习、掌握新版课本，也应开展比较研究，把正式课本与试用本作比较，中学历史课本与小学历史课本进行比较，同时进行跨学科比较，把历史课与政治课和语文课进行比较。下面试把历史课与目前在初中二年级开设的社会发展简史课做一番比较。

历史课不应混同于政治课，中国史教学也不同于社会发展简史，这是显而易见的，毋庸赘述。但是，二者的联系极为密切。一些常用的名词、术语、历史概念，基本的历史规律，具有重大意义的历史人物、事件，同见于两种教材之中。一个初中学生在一年级学过《中国历史》一、二册之后，立即于初二年级学习社会发展简史，如果教师能前后呼应，联系印证，必然会巩固深化学习过的历史知识。现在，大家感到世界史难教、难学。其实，社会发展简史教学，在一定意义上说，是学习世界史的准备和有利条件，如果能充分重视和利用这一条件，就会减轻世界史教学的难度。由此可见，研究历史教材，应该旁及其他学科。

最后，还应指出，学习和研究新教材，目的是为了掌握它、运用它。但对教材建设上不同意见的争论，哪怕是两种针锋相对的看法，也要加以研究。这种研究不是要削弱对新教材的努力，而是倡导探索精神。

目前，有些同志对现行历史教材的结构持有异议。这些同志认为，现行历史教材的结构，是历史专著的结构，又是一种传统的结构，而不是“历史教材”的结构。这种结构，不符合历史教学的客观过程，不符合当代新的教育理论观点，不适应培养学生能力、发展学生智力的要求。他们主张，历史教科书应不同于历史专著，应有自己独特的结构形式。

什么是历史教科书应有的结构形式呢？这要用以归纳法为主的思想编写教科书，而不是从概念、理论和原则出发。要增加复习性的编、章，而不是像现在这样，复习课由历史教师自己掌握。学生的认识过程（学习过程）一般经过五个阶段，即：感知教材，形成表象；理解教材，形成概念；通过练习实践培养技巧和能力；通过复习、再现，达到巩固；通过检查考核作出评定。因此，历史教材的编、章结构也应符合这个客观规律，即按照这样五个阶段重新编写教材。这种意见还认为，在一些重要的编、章、节之前应写上概要指示，指出重点难点，提出方法建议，把学习的指南教给学生。要增加复习性的编、章，将之与传授新知识的编、章并列。总之，从章、节到习题，从图表到附录等，都应以教育理论为指导，进行全面改革。

这种意见虽是少数人的主张，但不无可取之处。我们应吸取其中有益的成分。教材结构的重大改革事关全局，要经过实践的检验，渐至推广。我们目前的主要任务仍然是进一步学习、掌握新编历史教材，以便更好地提高教学质量。

历史教学的基本组织形式
——第一课堂

第一课堂是现阶段我国中学教学的基本组织形式，也是中学历史教学的基本组织形式，其既不同于过去传统的“私塾”“书院”，也不同于目前许多国家已经采用的、在我国刚刚开始的与现代化教学手段相适应的新形式。过去的“私塾”“书院”就组织形式而言，规模小，进度慢，效率低，教师只和个别学生发生联系，实质上是小手工业生产方式在教学工作中的反映。清朝末年，随着科举制度的废除和学堂的建立，第一课堂成了普遍采用的教学组织形式，至今仍然沿用。

何以称第一课堂是历史教学“重要的而不是唯一的组织形式”呢？因为第一课堂既有它的优点，又有它的局限性。例如，历史教师可以根据既定计划面向一个班级（五十人左右）有步骤地、系统地完成教学计划，可以比较充分地发挥教师的作用，而学生在一起共同学习，可以互相启发和帮助，有助于培养集体主义精神达到共同提高的目的。正因第一课堂具有上述优点，所以是教学活动的基本组织形式，也是学校教学工作的中心一环，是教师培养人才的前沿阵地。第一课堂教学质量的高低，意味着历史教学的成败、教育质量的好坏。我国《全日制中学暂行工作条例（草案）》中明文规定课堂教学是教学的基本形式，至少在今后若干年内，这种规定是正确的。但是，我们也应该看到，第一课堂也有不足之处。如在一定程度上不利于学生生动活泼地、主动地发展，不利于多出人才、快出人才，也不利于理论联系实际。因此，就现阶段而言，除第一堂课这一基本形式外，还应该有其他形式。展望未来，第一课堂这一基本形式，也会随着时代的前进而有所变化，特别是使用现代化教学手段之后，必然要有新的组织形式取而代之。下面对第一课堂教学这一组织形式进行具体分析。

一、关于第一课堂的教学目的

一节课应有一节课的教学目的。确定任何一节课的教学目的都要从下面三个因素出发，即：历史教育总的目的；本章、节的具体内容；学生的实际水平。

任何一节历史课的教学目的都应该做到：明确、切实、简练。

所谓"明确"，主要是指明确体现中学历史教学三个方面总的目的要求，即基础知识、培养能力和思想政治教育。同时，应根据不同年级和不同教学内容而各有侧重。此外，还应明确本节课的教学目的在全章乃至全编中的特殊地位，以及与其他章、节、目的的区别与联系。

所谓"切实"，主要是教学目的要切合学生的实际水平，也就是要充分考虑到学生现有的历史知识和思想政治水平，经过师生的教与学的共同努力，能够实现教学目的。否则，目的定得太"高"，学生达不到，也会成为震天响的空话；目的定得太"低"，仅仅重复学生已知的东西，这样的目的也没有意义。

所谓"简练"，则是指"教学目的"在文字表述上要经过一番提炼，力求简练，既不是繁琐的现象罗列，又不是简单的重复标题。例如，有的教师把《元末农民战争》的教学目的写成"使学生了解元末农民战争的原因、经过、结果、意义"，这样的"教学目的"不能称为目的，只是简单化的表现，而不是简练。

下面几节课的教学目的比较合乎要求，提出来，以供参考。

《西晋的短期统一和南北对峙局面的形成》一节的教学目的：

通过本课教学，使学生了解淝水之战发生的历史条件和经过，以及战后南北对峙局面的形成；引导学生通过对淝水之战双方胜负原因的分析，明确认识人心的归向是东晋取得胜利的重要原因，认识人民群众在战争中起了决定作用。

《明末清初收复台湾和抗击沙俄侵略黑龙江流域的战争》一课的

教学目的：

（1）通过明末清初收复台湾和抗击沙俄侵略黑龙江流域的斗争的史实，使学生明确台湾和黑龙江流域自古以来就是中国的领土；郑成功是我国历史上一位著名的民族英雄；康熙帝对反击沙俄侵略有杰出贡献。

（2）通过本课的讲述，使学生了解中国人民富有反抗外来侵略的爱国主义传统，从而激发学生的爱国热忱。

上述两节课的教学目的都比较好，体现了基础知识和思想政治教育的统一。其缺点是仍未能将开发学生的智力、培养学生的能力明确列入教学目的。诚然，上述目的本身也包含深入认识问题的能力等。然而，这是不够的，还应该更明确、更具体些。

二、关于第一课堂的教学组织

第一课堂教学，有时叫作“班级授课”，通称“上课”。其特点是按文化程度编班，每班通常由五十多人组成，“班”是进行教学工作的基本单位。每一节课都有统一的固定的时间（一般为45分钟），历史教师每上一堂课，就是在这样特定的时间和空间的范围之内活动，其中包含着几个方面的组织工作。

组织学生。“班级”是学校教育工作的基本单位，它首先是作为一个整体而存在，一个班级的学生有着大体相同的文化知识水平，年龄相差不大，而且都有爱护本班荣誉、爱护集体的自尊感、自豪感。由此，历史教师的全部教学活动应该面向全班学生，而不是面向部分学生，更不能面向某几个人。历史教师的言行应该保护和培养每一个班级中学生的集体主义精神，而不能挫伤它。班级这个整体是由五十多个人组成，既要看其共性，又要看到五十多个人各自的特殊性。例如，每个人的家庭环境不同，爱好志趣不同，纪律状况不同，历史成绩不同等，所有这些不同的因素，都会在历史课的课堂教学中起作用，有的因素起积极作用，有的因素起消极作用，历史教师一方面要组织、调动积极因素，另一方面也要采取正确的方法克服和预防消极因素。此外，客观的偶发事件也会分散学生听课的注意力，历史教师也要注意把某种客观影响缩小到最低限度。

组织、安排时间。一堂历史课只有45分钟，这是一个固定的时间量。历史教师要使自己的教学活动达到最佳效果，必须以“分”为单位，合理地支配时间。如组织学生、维持课堂纪律要花几分钟，复习旧知识要花几分钟，讲授新知识、课堂巩固、学生回答问题又各需要几分钟，等等，都要逐一作出安排。当然，丝毫不差实现既定计划，常常是困难的，因为有些情况的发生可能出乎教师的预料，因此，安排时间也要有一定的灵活性，要留有余地。在教学实践中，不能合理利用45分钟的现象屡见不鲜。有的教师登上讲台滔滔不绝，讲到哪里算哪里；有的教师经常“拖堂”，下课的铃声响了，他却依然没完没了地讲课；还有些青年教师三言两语讲完了内容，余下的时间却不知如何利用。可以想见，这种不能合理组织、安排时间的课堂教学不会是高质量的课堂教学。

三、关于第一课堂教学的类型

每一堂历史课的具体任务不同、内容不同，以及每一堂课对学生所起的具体作用不同。因此，需要研究课堂教学的类型，以利于具体掌握和运用课堂教学的规律性。

现在，人们正在研究、探索，努力寻找最能表现规律的课型。对此，有四种不同说法。

（1）四类型说。该说认为，历史课课堂教学类型主要是：导言课、讲授新知识课、复习课、综合课。其中导言课是在学年、学期或某一阶段的开始进行，主要对学生进行“学习目的”教育。“讲授新知识课”是用整节课或几乎是整节课的时间讲授新教材。复习课常用于一个单元或一教学阶段（期中、期末、学年）结束之后，目的在于使历史知识系统化，并使学生牢固掌握所学知识。综合课则包括组织教学、复习旧课、进行新课、巩固新课、布置课后作业等环节。综合课是中学历史课最主要的教学组织形式。

（2）五类型说。该说认为，历史课课堂教学类型主要是：导言课、讲授新知识课、综合课、复习课和考查课。就其基本内容来说，“五类型说”与“四类型说”大体相同。所不同者，“五类型说”认为，凡是在一节课中完成两项以上教学任务的课都叫“综合课”。该说还认为考查课既可以测试学生对历史知识掌握的情况，又能发现教师教学工作中的缺陷、不足，还能对学生的学习起到一定的监督作用，因而是不可缺少的课型。

（3）六类型说。该说认为，“优秀中学教学方式”的课型应该是：自学课、启发课、复习课、作业课、改错课、小结课。该说主张在实行六类型教学中，将现行教材按其内容的内在逻辑联系和学生的实际接受能力分成若干单元，以适应完整的六类型体系的教学。该说颇具新意，其独到之处在于力图从根本上扭转过去以教师传授知识为主的传统做法而变为以学生主动学习为中心组织教学。“六类型说”泛指中学各种教学应采取的方式，其中也包括历史教学。

（4）九类型说。该说认为，历史课堂教学类型可分为以下九种：引言课（导言课）、讲述课、讲述讲解课、综合课、复习课、辅导课、练习课、参观课、电化教学课。该说的“讲述课”又称“讲演课”，近似专题讲座。所谓“讲述讲解课”，即除了讲述，还要有解释的课型。“辅导课”是指发现学生学习上存在的问题、缺点和错误之后，基于这些问题进行的有针对性的讲解的课型。“练习课”是指期中考查、期末考试以及平时超过半课时的提问、测验等课型。“参观课”是指事先有组织安排，事后作简短小结的参观历史文物的活动。而“电化教学课”是专指放幻灯片以及看历史题材的电影、电视等。

上述四种说法各不相同，归结起来，实质上是两种观点，一种是以教师传授历史知识为主划分课型，因历史老师授课的方式有若干区别而划分为不同的类型，四、五、九类型说属于这一类。从某种意义来说，这一类没有突破传统的框框。另一种是以学生认识历史事物过程的阶段性为主划分课型，而历史教师的活动应以学生为中心，这种课型有利于调动学生的主动性，六类型说属于此类。这一主张对我们有新的启示。

鉴于目前传统的课型论在中学历史课堂教学中占有统治地位，广为采用，同时又要进行改革，摸索新的经验，我们认为现阶段主要课型不宜划分得过于零碎，而应分成预习课、综合课、复习课、考试考查课。下面分述各种课型的结构。

（1）预习课。过去人们通常认为，只是在学年或学期开始有一两节“导言课”，内容一般主要是讲总的学习目的、学习态度和学习方法等，这种“导言课”作用不大。我们认为，在每一单元之前都应有预习课，而且最好是两节。例如，《中国历史》第一册可以划为四个小的单元：原始社会、奴隶社会、封建社会的形成和初步发展、封建国家的分裂和民族大融合。《中国历史》第三册可以划分为鸦片战争与太平天国运动、中国资本主义的产生与甲午中日战争、戊戌变法与义和团运动、辛亥革命等单元，在讲授每个新单元之前都应有“导言课”。

“预习课”的结构是：组织教学；教师提出学习本单元的目的要求和方法；教师提示教材内容要点；组织学生阅读本单元教材；搜集整理学生提出的疑难问题。

（2）综合课。这是最为常见的课型。其特点是“新知识”与“旧知识”的交错综合、“知新”和“复习巩固”的交错综合、“学”和“练”的综合。其中，进行新课是学生获取新知识的中心一环，一般来说，教师把一节课的大部分时间用于讲授新课上。

“综合课”的结构是：组织教学；复习旧知导入新课；讲述讲解新课；巩固新课；布置作业。

下面着重介绍一下综合课的各组成部分：

复习旧知导入新课——旧知识和新知识、已知和未知对立统一，历史教师要重视由“温故”到“知新”的过渡。这里大体有两种情况，一是历史事件、历史人物有其值得肯定的一面，也有其需要加以批判、摈弃的一面。如“秦的统一”和“秦的暴政”就是秦的两面性。教师讲过“秦的统一”之后，用转折联词“但是”导入新课“秦的暴政”，使新知、旧知紧相呼应。一种是诸种历史事件、历史人物活动之间有相承的因果联系，如“西汉社会经济的发展”和“西汉中央集权政治的巩固”以至“汉的文化”是因果联系，含有经济基础决定上层建筑的唯物主义哲理，教师应充分揭示这种因果联系，使新知识与旧知识融为一体。

讲述讲解新课——是综合课的主体部分。应该看到，新知识的传授是学生在已经预习的基础上进行的，固然要注意新知识的完整性、系统性，但不需要面面俱到，平均使用力量，而必须以突出重点、讲清难点为主。一般一节课只有一两处是重点、难点，不能处处都是难点，也不能处处都是重点。讲新课，还应有简练的小节。在时间安排上，要留有余地。

巩固新课——其主要任务在于巩固、深化学生刚刚学过的新知识。既为“深化”，就不应是已学过内容的简单重复，而应该是理论的概括和提高。如“商鞅变法和封建制度的建立”一节的巩固活动应着重加深理解商鞅变法是七国变法之中的典型事件和“什么是封建制度”，其他的可以从略。此外，在巩固新课过程中，还应采取灵活的方式方法了解学生“当堂消化”情况，发现不足之处及时补救。

布置作业——新课本每一章节之后都附有“习题”，学生应该完成这些习题。学生回答习题不仅仅是为了牢固地掌握基础知识，更是培养能力、发展智力的重要途径。这里需要注意的是习题的难易程度要适合学生的实际水平，习题的范围要明确、清楚，不能模棱两可。一般来说，历史教师不应事先讲解习题，“习题”中发现的问题应另选时机予以纠正。

上述综合课的结构是就一般意义而言的，在教学实践活动中，常常是错综复杂，难以分清先后顺序的。同时，这种结构更不是一成不变的。这就告诉我们，在运用的时候，不能以此为“模式”，走过场，图新式，不能让某些框框窒息自己的创造精神。

（3）复习课。过去，人们研究复习课，往往是着眼于阶段复习、期中复习和期末复习。现在看来，尤其应该包括高考、中考复习。近几年来，随着一年一度的中考、高考的到来，中考、高考的复习课愈来愈成为一种独特的课堂教学形式。实践表明，这样的复习课不仅使学生牢固地掌握了系统的基础知识，在更高的程度上理解了历史发展规律，而且培养了学生的多种能力。因此，其他课型不能代替复习课。

复习课的结构是：讲明复习计划、提出复习要求（分阶段进行）；提出复习提纲，立足全局，突出重点；综合、概括地讲述课文；布置较多的作业，全面培养学生的能力；复习总结。

（4）考试考查课的目的和方式方法既不同于综合课，又不同于复习课，它是一种独特的教学方式，它的主要目的有：一检查学生学习成绩，端正学生学习态度，督促学生努力学习；二检查教师教学效果，查漏补缺，同时了解学生知识水平。考试考查的成绩一般来说，能够在很大程度上说明教师教学质量的高低。

考试考查课的结构可以分为：说明考试考查的范围和要求（但不是“押题猜宝”）；提出难易适度的考试考查题；组织学生回答问题（包括“口头”和“书面”两种形式）；教师对考试考查结果进行讲评，分析缺点和原因，评定要合理，成绩要入册。

历史教学的重要辅助形式
——第二课堂

什么是历史教学的第二课堂？人们的看法并不完全一致。过去，有大小课堂之分，学校里的课堂教学是小课堂，而“社会”是个大课堂。小课堂的弊端是“三中心、三脱离”。因此，要开辟大课堂，走向社会，“学工”“学农”，“走出去”“请进来”。这是一种导致混乱和灾难却又流行一时的观点，今天持有这一观点的人或已绝迹。但另一种极端又出现了，这就是根本不重视第二课堂活动，认为第二课堂可有可无，无足轻重，此为第一种意见。第二种意见，即两个渠道说。该说从信息论的角度提出问题，认为课堂教学是教师运用教材（文字）通过讲授（语言）把信息传递给学生，称第一渠道，也叫第一课堂。现在，传递信息又有新渠道——电磁波（如无线电广播、电视等），这一渠道直接影响着学生，故称之为“第二渠道”。“第二渠道”和习惯上所说的“第二课堂”不能完全等同。第三种意见认为，凡属课堂教学以外的一切教育活动（包括家庭的、社会的，通过语言进行的或通过电磁波进行的）统称为“第二课堂”。第一课堂专攻必修课程，第二课堂是学生自愿参加的各种门类的选修课程。

我们赞同第三种意见，摒弃第一种看法，同时认为“第二渠道说”和“第二课堂说”是两类问题，不可混同。“渠道”是传递信息的渠道，“课堂”是教学的组织形式。随着现代化教学手段的逐渐普及，第一课堂将要或者已经采用电磁波这个渠道。

但是，即便将来某个时候，电磁波广为采用，也依然不能排斥教师与学生双方的语言交流。所以无论第一课堂还是第二课堂都同时存在两个渠道的交织。因此，“第二渠道说”不能表现出第二课堂的特点及多样化的形式。

第二课堂有哪些特点呢？现在，我们从历史教学的现状出发，比较一下第二课堂与第一课堂的区别。

（1）第一课堂有固定的时间和场所，而第二课堂则不受时间、空间限制。第一课堂每堂历史课用时45分钟，都要在教室内进行。固定的时间、空间决定一定的容量和活动范围，师生双方既不能超过也不能太低于这个量。多少年来，人们一直在研究量的规范，殊不知这种形式本身就带有它的局限性。第二课堂则不同，学生可以在教室内用一节课45分钟的时间进行活动，但更多的活动不是在教室内进行，时间或长或短，悉听自便。例如，学生在影院看历史影片，在电视机旁边看历史系列片，在家中开展其他形式的活动等，不受时间、空间限制，表现出极大的灵活性。当然，这里所说的不是不受限制。事实上，目前学生负担太重，他们的课外活动时间被挤掉，本来可以自由掌握、灵活运用的时间、空间也成为死板的因素。

（2）第一课堂严格按照历史教学大纲的要求，按照历史课本的顺序、体系、内容有目的、有计划地进行活动。这是它的优点，但也有其不足之处。例如，教材内容保持相对稳定，几年不得变更，因而不能及时纳入新知识、新信息。又如教材只是逐章逐节的知识系列，而没有提出分析、综合、归纳、复习巩固等方法的规范。而第二课堂足以弥补第一课堂的上述不足。事实表明，学生在第二课堂中所学的知识有两类：一类是学生在第一课堂中见所未见、闻所未闻的新知识、新信息，它们使学生的视野开阔了，知识领域扩大了；另一类是课本知识的综合、概括、深化，也可以说是对旧知识的再认识。例如，现在各地普遍开展的历史知识竞赛活动，活动内容虽然围绕课本，但绝不是课本内容的简单重复，而是一些新的分析或新的概括，有些地方组织“读史一得”小论文竞赛，更是认识的深化。诚然，这些新知识还不完整、不系统，但确实是在第一课堂中所无法学到的。由此不难看出，第二课堂是第一课堂的重要补充和扩展延伸。

（3）第一课堂通常由五十名左右的学生组成，这五十名学生既有相近的共性，又有不相近的共性，更有不相近的特性，如学习态度不同，智力状况不同，组织纪律性不同，基础不同，尤其是对历史课的学习、重视和努力的程度也各不相同，通常有优、良、及格、不及格之分。历史教师只能是取其中而教之，这叫作“同步”教育，“取其中”的结果，必然使优者感到吃不饱，而差者感到吃不了，所以不管人们怎样努力改进第一课堂教学方法，总是觉得难以充分做到因材施教。与此不同，第二课堂的特点之一即它不是同步教育，而是个性教育。由于第二课堂的范围更广，知识内容可深可浅，活动方式多种多样，每个学生可以根据自己的实际水平选择自己力所能及的内容和方式，也都能够在自己智力和知识的极限上求得发展，这就充分地调动了每个学生的积极性，充分地做到因材施教。

（4）学生在第一课堂的学习中通常只能得到一名历史教师的指导帮助，势单力薄。学生在第二课堂中得到的却是来自其他学科老师的、家庭的、社会的多方面的指导和帮助。例如，开展历史诗歌朗诵会、故事会乃至历史晚会的活动，除历史教师而外，往往需要政治、语文、地理、音乐、美术教师的大力协助。又如近年来各省市开展的历史竞赛活动牵涉面很广，不但引起了历史教师和教育界的关注，而且引起了社会各界的关注，形成家庭、社会、学校三者联合对学生进行历史教育的新局面，效果显著，成绩可观。

由上所述，第二课堂具有灵活多样、领域扩大、因材施教、增强指导力量等种种特点。这些特点在近几年的各种第二课堂的活动中日益明显地表现出来。

最近几年，历史学科的第二课堂教学活动逐渐活跃，常见的活动方式有如下几种：

（1）各级各类历史知识竞赛活动，1980年4月8日，胡乔木同志在中国史学会代表大会上建议：“希望历史学也像数学、语文、外语、物理、化学那样，举办全市性、全省性甚至全国性的竞赛或某种形式的选拔、表扬。”从那时起，许多省、市、县相继举办了历史知识竞赛活动，其中天津、上海、河南等省市搞得如火如荼，安徽省也有所开展。以上海市为例，1983年上海市中学历史教学研究会与有关单位合作，举办了全市中小学历史知识竞赛活动，有“学史一得”小论文竞赛、编写宣讲历史故事和历史知识问答三种竞赛形式。程序是先学校，后区、县，最后由各区县的优胜者进行市一级比赛。多样化的形式适应了不同年级学生的特点，调动了广大学生的热情。竞赛以“学历史、爱祖国”为中心内容，使全市中小学生普遍受到一次爱国主义教育。

（2）举办历史报告会或历史知识讲座。每逢重要节日、纪念日，历史教师都配合纪念活动，举办全校性或分年级的历史报告会，历史教师为主讲人，有的是讲述某一历史事件的经过、历史意义和现实意义，有的介绍历史人物的生平业绩及其重大贡献。这种报告会，通过立足现实，追忆历史，对学生进行了思想政治教育。1984年国庆节前后，各地学校都举办了报告会，热烈庆祝中华人民共和国成立三十五周年。有些中学还定期或不定期地开办历史知识讲座，如上海市天山中学的历史教师开办了系统的“第二次世界大战讲座”，共进行了十次，大大地丰富了第一课堂教学内容，深受学生欢迎。从学生反映看，高年级学生对于诸如战争史、外交史、重要历史人物的讲座极感兴趣。

（3）组织课外活动小组，积极开展小组活动。学校中各门学科都有课外活动小组，其中包括历史课外组。课外活动组由历史爱好者自愿组成，不片面追求数量。小组在历史教师指导下，制订计划，有步骤地安排活动。有的小组以阅读课外历史读物为主，适时交流心得体会；有的小组实地考察本地区文物古迹，查找历史资料，并加以整理写成短文；有的小组自己制作教具，编制年表，剪贴书报，组织展览；有的高年级学生组成的小组还在一定范围内作小型专题讲演。小组活动的内容和形式极为丰富。这些小组是优等生充分施展才能的阵地，也是教师培养本学科骨干力量的好形式。在历史教师的具体帮助下，一些课外活动组长期坚持，成绩显著。

（4）在历史教师的指导下，学习编辑出版墙报、黑板报，举办图片资料小型展览等。这些活动规模可大可小，内容可多可少。如有的学校的历史教师指导学生利用黑板报及时介绍新的史学研究成果，评价新的历史读物，展示学生中的优秀历史作业，解答学习中的问题，等等。有的历史老师配合节日纪念活动，出版大幅墙报。有的历史教师带领学生，师生同办“伟大祖国图片资料展览”，供全校参观。展览内容有反映现实生活的国旗、党旗、各类图表等，有反映古代灿烂文化的陶俑模型、瓷器、工艺品、历代钱币、文史典籍、文学作品等。在筹备展览的过程中，教师有意识地发动广大学生提供展品，组织学生积极参与鉴别和管理展品，使学生得到锻炼和提高。可能有些人认为这些活动是微不足道的，须知，教育中无小事，这些活动既可以循序渐进地培养学生找资料、编资料、用资料的独立工作能力，又可以逐步养成他们为集体为社会而服务的好习惯和好品德。

（5）组织参观历史博物馆，考察乡土文物活动。参观考察历史文物古迹对历史教学有特别重要的意义。马克思曾经指出：“动物遗骸的结构对于认识已经绝迹的动物的机体有重要的意义，劳动资料的遗骸对于判断已经消亡的社会经济形态也有同样重要的意义。”学生通过参观考察，乃至研究祖先“劳动资料的遗骸”，可以增强实感，丰富历史想象，并作出合理的推论，“判断社会经济形态”，因此历史教师历来重视参观考察活动。1984年暑期中，上海市组织“中学历史夏令营”，专程赴南京参观了历史古都——南京的古迹，使学生深受教育。对另一些县区中学而言，如果不具备外出参观学习的条件，可以挖掘和利用乡土文物就近组织考察活动。

以上所述，远远不是历史教学第二课堂的所有活动形式。但仅从这些方面，就可以看出第二课堂是何等的绚丽多彩。在学生的知识总量中，来自第二课堂的知识量占有相当比重，并且比重越来越大。

从许多第二课堂活动开展得很好或较好的学校的经验来看，历史学科第二课堂活动的广泛开展带来了历史教学的崭新局面。

实践证明，灵活多样的历史学科第二课堂活动有利于对学生进行切实有效的思想政治教育。最近几年，第二课堂活动紧紧围绕着爱国主义这一中心议题，与全党全国人民实现四个现代化的伟大社会实践相结合，开展了许多与青少年的日常生活相结合的、适合青少年心理特征的活动，寓思想政治教育于具体活动之中，这种潜移默化的思想政治教育使学生倍感亲切、自然，易于接受。例如，有个学生在第一课堂里听过历史教师对陈化成抗英斗争事迹的讲述，但感受不深。后来通过参加课外小组活动，实地考察了陈化成抗英旧址，访问了老年人，听到了一些传说，又搜集整理了有关资料，深受教育。他说："过去我每天上学经过这里，只晓得有个亭子和石碑是纪念陈化成的。而现在走过这里，浮想联翩。当年陈化成将军带领将士和英国侵略者血战的场面仿佛就在眼前，陈化成身中数弹血染战袍好像就在身边，我今天能幸福地走过这里到中学读书，肩上的责任很重大。我要好好学习，做个好学生。"

实践也证明，灵活多样的第二课堂活动，有利于学生动脑、动手、动口、动笔，有利于发挥学生的主观能动性和创造精神，有利于培养学生的阅读能力、表达能力以及分析问题和解决问题的能力，也有利于养成学生为社会服务的习惯和品德。任何课外活动，学生都应是主体、是实践者。有的学生在课外阅读的基础上流利地讲述了《唐太宗与魏征》《杯酒释兵权》《郑和下西洋》《郑成功收复台湾》等历史故事，提高了阅读能力和口语表达能力。有的学生经过自己查找资料和分析组织资料，写成有一定深度的短文，如《文艺复兴运动和文艺复兴时期的人文主义文学》《浅谈武器的发展》《林肯和美国内战》《基督教与天主教的关系及区别》等。可以看出，这些题目难度很大，不易写好。一批中学生敢于碰硬，精神可贵，他们正是在攻克难题中得到锻炼和提高。还有人看过《火烧圆明园》电影后，产生了强烈兴趣，处处找材料，力图了解每一个细节。所有这些都是在第一课堂里无法得到的。

实践还证明，灵活多样的第二课堂活动造就了一大批中学历史爱好者的骨干队伍。这支队伍在一些地方、一些学校已经形成、巩固起来，在另一些地方学校初见端倪。我们不应轻视这支骨干队伍。从目前来看，这支骨干队伍是历史教师进行教学改革的重要依靠力量，是教师的有力助手和联系广大学生的桥梁。从长远观点看，这支骨干队伍正孕育着优质的高校文科生，说不定他们之中的一些爱好者会成为历史教学方面的专家教授。教育改革的根本任务是多出人才，快出人才，出好人才。第二课堂正是重要的培养人才之路。

综上所述，我们看到了历史教学第二课堂的基本特点、活动形式和重大作用，理当重视开辟第二课堂。现在的问题是，某些传统的偏见禁锢着人们的头脑。如有人认为，抓好第一课堂是天经地义的，不搞好第一课堂教学是严重失职行为。而第二课堂呢，则是无关紧要的，不搞好第二课堂活动倒心安理得，无人过问。这是历史形成的极为顽固的偏见。现在教学改革的重要内容之一，就教学组织形式而言，是要从过去单一课堂教学转变为“两个课堂”并举。所谓“并举”，就是同等重要，要用相等的力量同时抓起来，要使学生在第一课堂学好系统的基础课程的前提下，又要在第二课堂里指导学生阅读课外书刊，参加有益的社会活动和社会实践，使他们更多地、及时地接受新知识、新信息。随着现代化教学手段的发展，电视、录音、录像、电脑等的采用和普及，知识更新速度加快，新知识和新信息在学生知识库中的比重和地位必将越来越大，越来越重要，因而第二课堂教学形式也越来越重要。对先进工业国家教育改革的总趋势进行分析之后，可以发现，已经延续了二百年之久的以班级为单位的课堂教学的形式必将被冲破，必将被新的教学组织形式所代替。

课堂教学具体方法

方法问题十分重要，“我们不但要提出任务，而且要解决完成任务的方法问题。我们的任务是过河，但是没有桥或没有船就不能过。不解决桥或船的问题，过河就是一句空话。不解决方法问题，任务也只是瞎说一顿。”（《毛泽东选集》第1卷，第139页）因此，必须认真研究课堂教学的具体方法，课堂教学是教师和学生的双边活动，一切都必须以此为基本出发点。以此为基点，通常要考虑四个因素：其一，语言。语言是人类交流思想的最重要的工具。同样，是历史教师传授历史知识、学生获取历史知识的最重要的工具。因此，教师的语言运用形式、语言修养直接影响教学效果。其二，实物、图像。实物和图像既是历史知识的有机组成部分，又是学生学习历史必不可少的辅助工具。实物、图像等设备作用于学生的视觉，它所起的作用是语言所不能代替的。其三，实践活动。这里主要指学生的实践，包括动脑思考问题、动手完成作业、动口回答问题等。实践对发展学生智力、培养学生能力有重大意义，在人们认识事物的过程中，实践是认识的飞跃。对此，不能忽略。其四，环境。这里指的是客观环境，大而言之，“城市”和“农村”的学生不一样，市区和郊区也不一样；小而言之，同一学校的不同班级各有特色。因此，必须特别对待，因时因地而异。

上述多种因素相互作用影响着教学过程的具体方法。这里需要指出的是在方法分类方面人们的看法是不一致的。如有的分为讲述法、讲解法、谈话法、教具演示法、读书法；有的分为讲授法、谈话法、读书指导法、发现法；还有的分为叙述法、描绘法、谈话法、讲解法。博采众家之长，就目前历史教学现状而言，我们认为主要有以下四种方法，即：讲述法；谈话法；读书法；“读、讲、练”三段教学法。现分述如下。

一、讲述法

讲述法是通过教师讲述传授历史知识，进行思想教育，培养能力的方法，也是学生通过听讲，作用于听觉，形成历史表象，进而理解本质，掌握规律的方法。讲述法可以有叙述、描述、概括之分。但不管哪一种都是“述”的细分。又可以有讲解法、表解法、图解法之别。但不管哪一种“解”法，都是以讲为主，“解”是“讲”的辅助手段。

讲述法的基本特点是课堂教学以教师系统地传授历史知识为中心，教师要讲明事件的原因、经过、结果、意义等。当然这里并不是排斥学生的活动，但学生主要任务是“听”“讲”，其他形式的活动则可多可少。讲述法是传统的教学方法，是经过若干代人潜心研究、反复实践的方法，因此这种方法已形成体系，至今还在课堂教学中起作用。

讲述法要求历史教师严格按照时间先后顺序讲述历史上重要的历史事件和历史人物。讲述中要清楚地显示历史事件的过程，有起因、发展，也有高潮部分和结尾，而不可平铺直叙。以《陈胜、吴广发动的秦末农民战争》一节为例，讲述法要求：①层次分明地、通俗地讲清“秦的暴政”（沉重的赋税、兵役和徭役、严酷的法律），以揭示起义的原因。②公元前209年7月，农民战争的烈火在大泽乡点燃，附近农民纷纷响应，起义军攻占陈。本段是讲述的高潮部分。③陈胜自立为王，国号“张楚”。随后，分兵西进。进军失利，起义军遭受挫折。本段是讲述中的低潮部分。④异军突起，刘邦、项羽军发展壮大，公元前207年巨鹿之战。公元前206年刘邦军攻占咸阳。本段为讲述中再度出现高潮。⑤秦末农民战争的意义，为讲述的结尾部分。讲述法要求讲到“高潮部分”时应紧扣心弦，引人入胜；对低潮、结尾部分也要顺理成章，水到渠成。

讲述法还要求根据教材内容的不同，采取描述或概述。描述是教师对典型历史环境、历史场景、历史人物绘声绘色、细致描述的讲述方法，这种方法能够丰富学生的想象力，增强语言表达的感受力，进而帮助学生形成强烈的历史表象，为进一步推理做准备。概述是概括性强的讲述方法，或者是对历史史实的简要概括，或者是全课的“简短小结”。它要求揭示要点，语言精练。这里着重指出，无论采取描述法或概述法都必须实事求是。描述时，要区别信史和野史、真实和传说、史书和文艺作品，万万不可添枝加叶，肆意渲染。概述时，既不可任意拔高，也不能大肆贬斥，尤其要注意清除极“左”思潮在历史教学中的流毒，努力做到评述得当。

以下是人们运用描述法的两例：

①对战争场面的描述——“昆阳之战”。

“公元23年，王莽征发精兵四十余万，号称百万大军，列营百余座，围困昆阳城。莽军用冲车以撞城，掘地道以攻城。义军守城者不足九千，形势万分危急。一日深夜，刘秀一马当先，率13骑突围出城，调来援军。城外援军奋勇杀进，城内守军乘势杀出，刘秀亲率精兵三千，以一当百，喊杀声震天动地，义军一举击溃莽军。这就是我国古代历史上以少胜多的著名战例——昆阳之战。”

②对历史人物的描述——“布林底西战斗中的斯巴达克”。

“奴隶们把战马牵到他跟前，斯巴达克拔出剑说道：如果胜利了，将有许多敌人的良马；而如果失败，就再也用不着它了。于是他把战马刺死了。”（历史的人物语言、行为）“斯巴达克决心杀死克拉苏，虽然没能找到克拉苏，但仍然杀死了罗马军队的两个军官”（历史人物的气概、业绩）“斯巴达克身负重伤，血流满地，用自己的热血和生命，立下了不朽的历史功勋。”（描述中有赞颂和评价）

以下是教材运用概述法的两例：

①对史实的简要概述——“东汉的建立”。（见《中国历史》第一册82页）

“公元25年（时间），刘秀（人物）自称皇帝，重新建立汉政权（事件），定都洛阳（地点）。历史上称为东汉（“东汉”由来）。刘秀就是光武帝（说明帝号）。”教材只用了几十个字就概述了“东汉建立”的主要内容。

②对全课的总结性概述——“太平天国运动”。

“太平天国运动是中国近代史上规模巨大、波澜壮阔的一次伟大的反封建反侵略的运动（什么样的、什么性质的运动）。太平天国组织了强大的武装，建立了政权，颁布了《天朝田亩制度》，是几千年来中国农民战争的最高峰（从武装、政权、制度等质的高度，作历史的比较）。太平天国坚持战斗了十四年，势力发展到十八省，先后夺取六百多个城市，沉重地打击了中外反动势力（时间长，地区广，对反动势力的打击沉重）。”这是对“太平天国运动”的总结性概述，从而帮助学生在整体上从更高的角度把握太平天国运动。

教师在运用讲述方法时对某些历史名词概念、典章制度、条约和会议的内容等或者是附带的或者是单独提出予以“解释”“说明”。这种立足于“解”的讲述方法叫作“讲解法”。例如，高考试题中“名词解释”一项要使用讲解法。讲解法要求简明扼要，一目了然。教师讲解时也可以列表（通常叫“表解”），也可以利用图画（又叫“图解”）。例如，在解释什么是秦的封建专制主义中央集权制度时，人们通常制成下表：

- 皇帝
  - 中央政府
    - 丞相（处理政事）
    - 太尉（管理军事）
    - 御史大夫（监察百官）
  - 地方政府：郡（郡守）—县（县令）
  - （均由皇帝直接任免）

使用这种方法解释抽象概念，比较形象、清晰，学生易于接受。

综上所述，讲述法（包括描述、概述、讲解）是以教师讲为中心的教学方法，多少年因袭沿用，至今仍起作用，正因如此，我们要研究它。但应看到，只研究教师如何“讲”好，有可能走向“满堂灌”，这是应该引起注意的。

二、谈话法

谈话法，或者叫问答法，是由教师提出问题、学生回答问题，或者由学生提出问题、教师答疑的方法，是历史课堂教学常用的教学方法之一。谈话法的实现从“存疑”开始，前面已经提到，学生在预习课里提出了普遍性疑难问题，学生在学习新课中又随时会出现“疑点”，需要及时解决。同时，教师为了提高教学效果，也要善于“设疑”。有“疑”，才有“问”，也才需要作答。实践证明，每当教师提出切当中肯的问题时，学生就会立刻聚神凝思，表现出强烈的探索欲望，一旦获得答案，又会立刻主动举手答问，学习的积极性和自觉性就会被调动起来。经过教师的补充和纠正，一个完整的答案也就产生了。可以看出，谈话法是调动学生积极思维的有效方法，也是训练培养学生口语表达能力的方法。教师在使用谈话法时，因其谈话法的目的和时机不同，可以分为启发性谈话、巩固性谈话、检查性谈话。

启发性谈话——诚然，所有的谈话都应有启发性，这里所以把它单独提出来，只是因这种谈话的目的要求侧重于启发学生获取新知。启发性谈话可以用于课堂教学过程的任何时机。如：秦末、唐末、元末曾有哪些农民战争？每次起义的具体原因是什么？（复习旧知识，从具体入手）根本原因是什么？（由具体到抽象，有启发性）明末农民起义是怎样爆发的？（又由抽象到具体，进一步启发，深化认识）又如：东汉蔡伦是怎样改进造纸技术的？（从具体细节入手）有什么优越性？（激发想象力，开阔视野，有启发性）对人类有什么重大贡献？（由具体到抽象，进一步启发深化认识）

巩固性谈话——教师在讲完一事或一段之后，提出问题与学生谈话，为的是巩固已经获得的知识，做到当堂消化，当堂巩固。发现不足之处，及时予以补救。如：“官渡之战”交战双方是谁？战后形势如何？“赤壁之战”交战双方是谁？战后形势如何？（简单重复要点，达到巩固）三国鼎立局面是怎样形成的？（综合概括达到进一步巩固）

检查性谈话——检查性谈话，也可叫作考查性谈话。目的在于考查学生对学过知识的掌握情况，督促学生端正态度，学好历史课。检查性提问通常是在新课开始之前进行，提问内容应是以前学过的知识。提问后，应该公正评定成绩，载入记分册。（前两者往往不计分）

启发性谈话、巩固性谈话和检查性谈话三者无根本区别，只是侧重点不同而已。无论运用哪一种谈话法都应注意：

（1）必须有目的有计划地进行谈话，谈话必须和讲述结合进行。不能无计划地随便发问，也不能时时问、事事问，不能把完整的教学课堂分割得七零八碎。

（2）提出的问题要符合学生的知识基础、智力状况和年龄特征，一般地说，从中等生水平出发，有利于调动全班学生的积极性。同时要注意问题一旦提出，要给学生留有思考的余地。

（3）谈话法是积极的教学手段，绝不是消极地惩治学生的手段。对答错或拒不答问的学生，教师应加倍关怀，热情帮助。

三、读书法

读书法是学生学习历史的重要方法。课本是教师讲述的凭借，更是学生学习的依据。应该充分重视课本，指导学生阅读课本。

我国古代历来重视读书，如“书读百遍，其义自见”“读书破万卷，下笔如有神”等说明了读书的重要性。但读书要讲究方法，前人“读死书，死读书，读书死”者不乏其人。因此，书的内容和读书方法的选择是十分重要的。

实际上，学生阅读历史课本也各有方法。不过，他们使用的方法科学性如何，效果如何，却很值得研究。据调查，学生读书的主要方法有：

（1）浏览法。学生在课堂、课外或者家中时而不经意地翻阅历史课本，在翻阅中，受好奇心、求知欲的驱使，或者为某一插图所吸引，或者对某一场景、历史事件感兴趣，因而探求其究竟。但浅尝辄止，不愿或不能深入思考。

（2）边听边读法。学生在课堂中常用边听边读法。他们一边听课，一边看书，随时划出重点，有的学生还做简要笔记以作参考。但一般来说，“听”多于“读”，“听”的时间挤掉了“读”的时间。也有部分学生反映，教师照本宣科，“听”不如自己“读”。

（3）读书解题法。学生在课堂上或者在课后需要回答提问或者完成作业时，要看书，从书中寻求答案。一般地说，此时此刻读书，比较认真，愿意动脑筋，效率高，效果好。但这种方法并不经常使用。使用多一些，学生感到负担重，怕影响其他学科作业。除此而外，还有死记硬背法。如果就培养能力、发展智力的角度而言，死记硬背法湮没了学生的智慧，违背了学习规律，不利于学生成长。

由上所述，可以看出学生阅读能力的培养还处于自流状态，有些则很不得法。对此，历史教师应重视起来，认真研究，采取措施，予以指导。根据以往经验，教师大多采取下列做法。

首先，指导学生端正读书态度，明确读书目的和要求。对于历史课本，可以有粗读、精读之分，但绝不能像对待小说那样满足于浏览。教师要爱护学生的好奇心、求知欲，启发学生在读书中主动思考，提出问题。要教育学生懂得读书是艰苦的脑力劳动，不要满足于一知半解，要经常用名人格言警句提示学生，随时注意端正学生的读书态度。

其次，采取多种方式指导学生认真阅读，并帮助学生及时扫除阅读障碍。可以是边看书，边听讲，边划重点，也可以集中一段时间专门用于读书；可以集体读，也可以个别读；可以朗读，也可以默读；可以逐段逐节地读，也可以跨越不同章节地比较读。如读“黄巾起义”时可以插读秦末农民战争的有关段落；读《辛丑条约》时，可以插读《南京条约》《马关条约》有关部分。学生阅读中可能会遇到生字、难词，教师要及时正音、注释、解词，帮助他们扫除阅读障碍。

再次，要极力提倡学生早些读，多读些，读中勤于思考，读后勇于发表感想，主动提出问题，变被动阅读为主动阅读。现在，学生被动阅读的情况十分普遍。例如，有的教师习惯于要求学生阅读某页某行课文，以作为讲述的补充，却不给学生思考的余地；有的教师不给学生发表意见，特别是发表不同意见的机会；还有的教师把高声朗读当作维持课堂秩序的手段，而不计读书效果。这些做法都是不适当的。

最后，教师应该制定或帮助学生制定出切实可行的读书计划。学生读书计划的内容应以教材为主，包括教材中的注解、地图、插图、年表等，同时要适当阅读一些课外辅助读物。教师培养学生阅读能力的计划应有具体规范，应是一个不断调查研究的过程，也应是由盲目到自觉的过程。

总之，培养学生阅读能力，养成学生读书习惯，非短时期能奏效。但只要教师因势利导，采取适当的方式方法，有计划、有目的地坚持做下去，学生的阅读能力定会逐步提高。

四、“读、讲、练”三段教学法

“读、讲、练”三段教学法（有些人也叫“读、讲、议、练”四段教学法）是上海教师提出的。他们根据自己近年来的摸索、探讨，总结出不同于传统的新的课堂教学程式。“读”是第一段，时间为5～10分钟。“读”指学生阅读教材，由学生根据教师提出的思考题独立阅读教材，思考题应以三至五题为好。经过阅读、思考，学生应准备好答题要点，划出答题重点并标出难点。这一段的主要任务是从培养学生的阅读能力入手，了解教材的重点、难点，使学生取得学习的主动权。

“讲”（包括“议”）为第二段，时间为25～30分钟。本段时间内，以“讲”为主，教师讲，学生也讲，鼓励学生多讲、先讲。教师要精讲，着重在“点拨”“归纳”“概括”方面下功夫，主要精力放在重点和难点上。教师既要讲知识，又要介绍自己的思考方法和组织教材的方法。不去追求形式上的“面面俱到”“完整系统”。“议”是学生提出疑难问题，师生共同讨论。也可以教师质疑，让学生在讨论中解决。议题要有启发性，难易适中，以调动学生积极思考。要有良好的课堂讨论气氛，激励学生主动探求知识。

“练”为最后一段，时间一般为5～7分钟。鉴于现在学生学业负担很重，要求学生过多利用课外时间做历史作业是不现实的，因此作业最好在课堂内完成。练的形式应多种多样，可以是口头答问，也可以是书面作业；可以利用书后所附问答题，也可以是新增列表、填图、归纳比较或其他形式，切忌千篇一律。“练”的作用在于培养学生动手、动脑、动口的综合运用能力，在于举一反三，启迪学生智慧。

“读、讲、练”三段程序的突出特点在于冲破了传统的“满堂灌”和“五大环节”的习惯做法，做到以学生“学”为中心，着眼于培养学生的阅读能力、思维能力、运用知识分析问题和解决问题的能力。上海一些中学的初步实验证明，这种方法优于传统的方法。现在面临的问题是，人们的经验还不十分丰富，新的方法还没有形成理论系统，作为成功的经验为人们所公认还有待于进一步研究和实验。各地在学习上海经验时，应结合本地情况有所创新、有所发现。

课堂教学常用教具

直观性原则，是各科教学的共同原则，也是中学历史教学必须遵循的一项原则之一。

这个原则首先是人类认识发展的客观规律所决定的。人类认识的过程是由感性认识到理性认识的过程，“只有感觉的材料十分丰富（不是零碎不全）和合于实际（不是错觉），才能根据这样的材料造出正确的概念和论理来。”（毛泽东《实践论》）“在形象、知觉、表象之外，思想就是空洞的，没有任何内容。就是说，它是不存在的。”（斯大林《马克思主义与语言学问题》）这种“感觉的材料”“形象、知觉、表象”就是来自听觉、视觉、感觉，来自直观。

直观性原则也是古今中外教育学一贯倡导的一项原则。我国古代教育家荀况说过：“不闻不若闻之，闻之不若见之。”“闻之而不见，虽博必谬；见之而不知，虽识必妄。”（见《荀子》）荀况所说的“闻”“见”就是直观。17世纪，捷克教育家夸美纽斯主张：“学习不应从说明事物的文字开始，而应从实物的观察开始”“在可能的范围以内，一切事物都应该尽量地放到感官的跟前。一切看得见的东西都应该放到视官的跟前，一切听得见的东西都应该放到听官的跟前。”（见《大教学论》）近三十年来，现代科学技术的发展异常迅速，各种现代化的视听工具越来越多地被运用到教育和教学之中，一些工业国家已经在教学领域较普遍地使用了如电影、电视、录音、录像、电子计算机等现代化视听工具，传统的教学方式正在经历极其深刻的变革。现代化视听工具的突出特点和优点就在于生动、直观，使得学生对所学内容获得最充分的感知，因而能充分发展学生的智力。由此可以说，电化教学不是对直观性原则的否定，而是它的新发展、新阶段。

历史，是指已经过去了的人类社会现象，历史不会重演，也不能通过实验室的实验使它再现。因此，一个中学生感知历史存在，进而理解历史规律，确有其不同于其他学科的特殊困难，这就要求历史教师在课堂教学中更多、更好地借助于种种直观手段，更多、更好地使用现代化视听工具。所以，有必要对目前常用的直观教具作进一步研究。

常用直观教具如何分类，人们有不同的意见。有一种意见主张分为实物直观教具（如实物、模型等）、形象直观教具（历史图画、漫画、电影片等）、象征性直观教具（历史地图等）、图表直观教具（历史示意图、历史年表等）。这是颇为流行的分类法。

我们认为这种分类法欠妥，因为：（1）所有直观教具都具有生动、形象的特点，也可以说都是形象直观教具，怎么可以说只有历史图画和电影片之类的才是形象直观教具呢？（2）“图”和“表”是两种不同类型的直观教具，各自的表现形式不同，所起作用也不同，不能混在一起。直观教具中的“图”和“表”和人们通常意义上所说的“图表”概念应加以区别。（3）把地图、历史地图当作“象征直观教具”，也令人费解。历史地图显示历史事物的空间位置，是实实在在的历史的客观存在，怎么可以认为只是“象征”呢？

我们认为所有直观教具都有共同点，即：形象、直观，作用于学生视觉。但直观教具的形式是不同的，因而各自具有特点。直观教具的分类应依据其不同的形式及特点进行划分，据此我们认为，现在常用的直观教具可以划分为历史地图类、年表类、实物和图像（模型）类、幻灯电影类四类。

（1）历史地图类直观教具既有挂图、插图、版图之分，又有综合历史地图、专题历史地图、局部历史地图之别。

关于历史地图。历史地图是历史因素和地理因素的综合体。所谓历史因素，即它所表现的是历史事件和历史人物所处的空间位置、某些联系以及地理环境，处在变动之中，应属流动性空间。例如某一农民起义所处的空间位置，某一朝代和另一朝代疆域的变化，都有可变性。所谓地理因素，即它所表现的不仅首先要显示东、南、西、北、西北、西南、东北、东南等“四面”“八方”的方位概念，而且还要显示出山脉、河流等自然条件，有其他稳定的性质，所有这些应属巩固性的空间。所以说，历史因素和地理因素具有重要特点。把握这一特点将有助于学生形成历史空间观念。

历史地图既具有直观性，也有其可推理性质。历史地图的直观性质是显而易见的，它能显示出历史事件发生的位置。但人们常常忽略“位置”应有大体位置和确切位置的区别，而了解大体位置又是了解确切位置的先导。1980年全国统考试题填图一要写出1900年八国联军入侵北京经过三个主要地名之一“通州”，有不少考生居然把“通州”答成“南通”，一北一南，一字之差，说明考生连“通州”的大体位置也不知道。否则，就不会谬之千里了。历史地图的可推理性质主要表现为有些历史地图（不是全部）所标明的历史事件的地理位置能激起人们某种联想。例如，黄河是中华民族的摇篮，尼罗河谷地产生了古代埃及的文明，两河流域是古巴比伦王国的发源地……为什么？又如，我们从《中国工农红军长征路线示意图》（见《中国历史》第四册，第80页）中，可以联想红军历经的千辛万苦，战胜了多少天险和困难！从《新航路的开辟》（见《世界历史》上册，第125页）图中，可以推想哥伦布、麦哲伦等人曾经遇到何等困难，以至由认识的感性阶段（视觉）进入理性阶段了。

历史地图可以分为综合性历史地图、专题性历史地图、局部性历史地图。综合性历史地图是表现某一历史时期自然条件和政治、经济、军事、文化等多种历史事物的地图、历代疆域图，如《唐朝疆域图》《清朝疆域图》等。专题性历史地图是以反映某一方面的历史事件和某一历史问题为主的历史地图，如《三国同盟和三国协约》《德国法西斯的扩张图》《唐朝主要交通路线图》《宋金对峙形势图》等。局部性历史地图是从全国地图中或某一国地图中抽出其中一部分图借以详细标明历史事件的明细图，如《秦汉关中主要水利图》《张骞出使西域图》《中央革命根据地第一次反“围剿”示意图》《渡江战役示意图》等。上述三种历史地图侧重点各不相同，但又互为补充，构成历史地图这一整体。

历史地图是学生形成历史空间观念的主要依据，教师应当根据历史地图的上述种种特点帮助学生形成和发展历史空间观念。这里特别提出几点看法，以供参考。

①要重视地图方位知识教学，要运用学生已有的地理知识去把握历史事件发生的大体位置和准确位置。

②要较多地运用活动演示图，善于运用不同颜色的粉笔、不同样式的符号把历史地图的流动性充分表现出来，给学生以强烈的印象。

③既要经常进行看图、填图的训练，也要重视“图”和“事”的联想，搞一些看“图”想“事”，遇“事”联“图”的活动。

④正是由于历史地图有其可变性，我们还应注意把古代地名和现今地名作准确对比、印证。

（2）表类直观教具有年表和表解之分。

关于年表。年表是显示历史事件时间因素的手段，任何历史事件的发生都有一定的时间，离开时间，历史事件就是无法理解的。然而如何掌握如此大量的时间呢？这就不得不借助于年表这种手段。年表的种类极多，一般分为综合性大事件年表、专题性大事件年表、比较对照年表。

综合性大事件年表的特点是“线”与“面”相结合。“线”是指大事件发生的时间先后，是了解历史进程的线索；“面”是指年表内容的多样性。世界历史年表应包括各大洲、各主要国家大事，中国历史年表则应包括政治、经济、文化各个方面的大事。现行六册教本之后均有综合大事年表。如《世界历史》下册大事件年表为80余条，其中欧洲53条，亚洲20条，其他各洲若干条。又如《中国历史》第二册大事件年表为61条，其中绝大多数属政治大事，也包括经济、军事、文化等方面内容。综合性年表是反映历史梗概的总体性年表。

专题性大事件年表是从综合性年表中分化出来的一种单一性年表。或者是一个历史事件的年表，如太平天国运动年表；或者是某一历史时期的阶段性年表，如明清时期大事件年表、抗日战争时期大事件年表等；或者是政治、经济、文化、科技某一方面的年表，如我国古代科技成就年表、中国人民近代反抗外国侵略斗争年表等。与综合性大事件年表比较，专题性大事件年表比较详细地反映了某一发展阶段或某一类历史事件的进程，但综合性不强，难以窥视全貌。

比较对照年表是一种以“时间”为标志对同类或不同类、同地域或不同地域历史事件进行对比的一种年表。如中国历史和世界历史大事对照年表，中外古代科技成就对照年表，英、美、法资产阶级革命大事比较年表，中国历史上的南北朝对照年表，抗日战争时期两个战场对比年表，等等。比较对照年表与前两种年表的不同之处在于它通过对比或比较显示历史事物的某种共性和特性。

这里应该着重指出，不论是综合年表、专题年表，还是比较对照年表，它所显示的大事之间的时间上的联系有的是必然性联系，有的则是偶然性联系。以《中国历史》第四册所附大事年表为例，从1919年5月4日“五四运动”开始到1949年10月1日中华人民共和国成立所列举出的大事，绝大部分都有必然联系。而《世界历史》上册所附年表中从公元前三千年左右埃及开始形成统一的奴隶制国家到公元476年西欧奴隶制度崩溃，所列大事24条，绝大部分没有必然联系，而属偶然联系性质。同样，在同一个大事年表中所列的种种大事中，有些是有必然联系的，有些则属于偶然联系。

同时要指出，虽然1949年中华人民共和国成立之后，我国已正式采用了世界各国普遍使用的公元纪年法，在年表中也都是使用公元纪年法。但我们传统的纪年法仍然起作用，如天干地支合并的干支纪年法、帝号纪年法、年号纪年法等。这些纪年方法本身就是历史知识，不了解这些历史知识，也就难以完全掌握公元年代所显示的时间。

年表是培养和发展学生时间观念的有效手段，师生必须充分重视年表的使用。

首先，教师必须指导学生根据自身学习需要来编制各种类型的年表。各册课本后附带的综合性年表是重要的，但仅仅有这个年表还是不够的，还要有专题年表、比较对照年表作为补充。现在的年表固然应充分利用，但也应该提倡自己动手编制年表。实际上，自己编制年表的过程，是进一步理解教材、研究教材的过程，也是形成时间观念的过程。因为，如果不能更好地理解教材，就不能做到恰到好处地取舍时间。在编制年表中常常可以看到一些学生有贪多求细的毛病，编成的年表往往繁琐，难以记忆，因此教师应在方法上给学生以具体帮助。一般来说，大事年表中的年代应有关键年代和非关键年代之分，凡历史事件的起点、转折点、终点的年代是关键性的年代。编制年表时，应先抓关键年代，然后再抓一些非关键性年代。

其次，如何掌握年表呢？如前所述，时间是历史事物存在的一种形式，年表所显示的事物间的联系有必然联系和偶然联系之分，那么，人们掌握年表的根本方法应该是理解记忆和机械记忆相结合。理解记忆是在掌握历史事物间必然联系的基础上由一两个年代推及其他年代的记忆方法。如当人们懂得1919年5月4日“五四运动”的爆发是“中国新民主主义革命的开始”，那么可以推想它的“历史背景”：1911年辛亥革命，1917年十月革命，1919年巴黎和会；又可以联想到它“在思想上和干部上为中国共产党的成立作了准备”，于是就有1921年中国共产党的成立，1924年的第一次国共合作，1926年的北伐战争。机械记忆是建立在历史事物偶然联系基础上的强行记忆。但机械记忆也要讲究方法，通常使用的方法有“延续时间长短记忆法”，如唐末农民战争为期25年，由859年起，到884年止。太平天国运动经历14年，由1851年起，到1864年止。还有“数字特征记忆法”，即依据数字的某些特征作有规则的排列，以强化记忆。如“官渡之战”，曹操统一北方为公元200年，孙权建立吴国是222年，蒙古灭金是1234年，法国资产阶级革命是1789年，马克思诞生是1818年5月5日。此外还有“谐音记忆法”，如“1898——戊戌变法”，“八”和“法”都是“ɑ”韵；“1917——张勋复辟”，“七”和“辟”都是“i”韵。这些记忆方法都是比较有效的，理解记忆和机械记忆可以一起使用，互为补充。

再次，年表的制作和使用，又和我国历史上传统的纪年方法有密切联系。因此，教师应该传授一些与纪年有关的知识，以便学生顺利地运用年表。

(3) 实物和图像（模型）类教具也是历史教学极为重要的直观教具。

我国是世界上最古老的人类居住地之一，文化遗存十分丰富，全国各省、市、区都发掘出很多历史文物。这些珍贵的历史文物是中学历史教学的生动、具体、真实的教材。这些文物多数分散在各省、市、县的博物馆、档案馆或其他文物管理单位。实物不但能够引起学生极大的兴趣，而且能够增强历史实感，丰富学生的想象能力，并使学生从中受到爱国主义教育。但很可惜，在实际教学中，许多中学历史教师没能充分利用这些实物并发挥这些实物的作用。

在历史教学中，处处利用实物难以办到，制作模型也非易事。但利用图像，特别是课本中的历史人物图、实物图像、历史图画是切实可行的。“历史人物图”一般都是在历史上起过重大作用，特别是起了积极作用的历史人物图。图像由脸型、表情、动作、衣着等几方面因素组成，突出表现他的历史业绩和历史贡献。也有少数反面人物的图像，如“海特夹着尾巴逃跑了”（见《世界历史》下册，第3页漫画）和“英国殖民者在印度”（见《世界历史》下册，第27页）等也很形象地反映了历史某一侧面。历史教师使用历史人物图，应从人物的生平、身份、职业入手，评述其历史地位。

实物图像、历史图册一般内容丰富，说明的问题也极为深刻，教师在运用时应该进行微观考察。如观察“北京人头部复原像”时应指导学生在粗略了解的基础上细微观察其前额、眉骨、颧骨、鼻子、嘴巴、脑壳，并与猿类、与现代人作比较，最后总结出“北京人”的特征。同样，观察达·芬奇的名画《蒙娜丽莎》时，教师必须交代这幅名画出现的历史背景、画中人物形象神态、人物背后的自然景色、光线明暗变化、表情刻画特点。只有了解这些，学生才能懂得这是伟大的名画。有的教师用绘声绘色的语言描绘历史图画，效果极佳。如讲到“康华利向华盛顿投降”画面时说道：“1781年10月19日，康华利将军向华盛顿投降，七千英军放下了武器。请看：身穿黑色的英军衣衫褴褛，偃旗息鼓，走在前面的康华利垂着头，恭恭敬敬的双手呈上宝剑；而另一方是大陆军：军旗飘扬，队列整齐，在雄壮的军乐声中，总司令从容不迫地站在那里，脸上露出胜利的微笑。”这样的描述有时间、人物、场景，简直把画面讲活了，真是如闻其声，如见其人，大大提高了学生的想象能力。

实物图像、历史图画是历史教材的重要组成部分，是历史知识的一部分，同时它是历史教师进行教学的直观教具之一。每一幅图都需要予以历史的说明，每一幅图也都强烈地吸引着学生，教师要努力使“文”和“图”密切结合起来，克服或避免“文”和“图”互相脱节。比如，有的教师只让学生看看图，而不讲图，对学生看懂多少、能否完全领会意图很少过问，这就不能有效发挥“图”的直观作用。但是，也不需要过细推敲每一幅画的画工技巧，不能把历史课讲成美术课。否则就脱离了课文，这样也是不适当的。教师要教育学生依“文”看“图”，看“图”连“文”，使“文”“图”相得益彰。

（4）幻灯电影类教具是最受学生欢迎的直观教具。这种直观教具以其特有的声、光、形、色、情、景交融，动、静结合的综合表现形式，强烈地吸引着学生，它所起的作用是其他直观手段所无法比拟的。

幻灯教学早在20世纪50年代初期就已经使用。1978年底，在北京召开了全国幻灯教学汇报会议。会议认为，幻灯教学可以广泛地运用到各科教学之中，它能够把抽象的概念形象化，使学生印象深，记得牢；能对复杂的问题进行分析、综合，提高学生的思维能力；还可以缩短教学时间，提高教学质量。近几年来，北京的中国历史博物馆等单位，制成了《中国历史》《世界历史》的彩色配音幻灯片，供中小学历史教学选用。放映幻灯片必须有目的、有计划、有总结，不可放任自流。放映前，教师应该交代放映意图，提示内容要点，使学生思想上有准备地接受放映。放映之后，教师应进行巩固、深化工作，或组织学生阅读课本，或由教师作总结性讲解，使学生已经获得的认识进一步系统化、理论化。

历史电影片有三种：历史科教片、历史文献片和历史故事片。可纳入历史教学的电影片极多，中国古代部分有：《从猿到人》《都江堰》《屈原》《李时珍》等，中国近现代部分有《林则徐》《小刀会》

《宋景诗》《甲午风云》《翠岗红旗》《平原游击队》《地道战》《南征北战》等。此外，还有许许多多的故事片虽非历史题材，但其部分内容也涉及历史上的人物或事件，这些影片也可以用于历史教学。电影片以它逼真的形象、感人的情节给青少年以深刻的教育，历史教师应当充分利用电影片进行历史教学。有条件的学校，教师可以配合课堂教学，根据教学进度，有计划、有进度地放映历史科教片，将其作为教学的辅助。本校条件不具备，历史教师可以适时组织学生去影院看历史影片。观看前，教师要作影片介绍，交代重大情节；观看后，教师应组织座谈，写观后感。

这里应指出，历史文献片和科教片一般都是社会生活的真实描写，真人真事，无可怀疑。而历史故事片则是历史的再造，典型化的描写，主要部分是真实的，次要部分是艺术的虚构。有些影片，如《甲午风云》中对丁汝昌等人进行描写的部分情节违背了历史事实，甚至电影演员的表演技巧也会这样那样地影响历史人物的形象。所有这些，历史教师都应该注意，区别哪些是历史真实，哪些是艺术加工；哪些是历史人和事的本质方面，哪些是现象方面。总之，历史电影对历史教学有极大帮助，是极其重要的辅助手段。但历史电影绝不能等同于历史教学，更不能代替历史教学。

课堂教学教案编写

在逐项研究了历史教学的目的、任务、组织形式、具体方法、常用教具等方面之后，现在要把这些研究落实到每一课时之中，写出高质量的教案，以之为教学活动的依据。历史教师的教案就像指挥员的作战方案一样，必须认真对待，科学地组织安排，这是获得胜利的第一步，否则就无法保证教学质量。不管是新教师，还是老教师，教案或详或略，可因人而异。但没有教案是不行的。

教材是重要的，是师生活动的主要依据。因此，教案不能脱离教材，更不能与教材背道而驰。但教案绝不是教材的简单重复，而是教师的新设计、新创作。教案包括历史教师对教材的理解、掌握和运用，包括使用恰当的方式方法以收到最好的教学效果。现在，有些学校并不那么重视教案，以为有课本就能上课，不管什么样的教师都能教好历史，这是一种极为有害的错误看法。

写教案的前提是“吃透两头”：一头是教材，另一头是学生的实际水平。在“吃透两头”的基础上，组织教材，选择教法，写出切实可行的、符合客观实际的教案。吃透教材非一日之功，必须要下一番苦功夫才行。吃透教材包括深入钻研教学大纲、课本和教学参考书等，既要把握某一课时内容的思想性、科学性、系统性，也要了解知识前后、左右的逻辑联系。人们在钻研教材中以理解“关键词”为突破口的做法值得提倡。例如，钻研“商鞅变法和封建制度的确立”一节，着重理解封建制度的“建立”和“确立”的联系与区别，“自然经济”和“商品经济”的区别，“基本对立阶级”和“非基本对立阶级”的区别，“主要矛盾”和“次要矛盾”的区别，“统治阶级”和“剥削阶级”的区别，等等。“关键词语”抓得准，想得深，常常能突破一点，把握全局。“吃透”教材固然不易，“吃透”学生水平更非一日之功。学生的知识水平、智力状况、兴趣爱好千差万别，而且时时在变动之中。例如，很多地方有“重点校”和“非重点校”、“重点班级”和“非重点班级”之分，也有“城区中学”和“城郊中学”乃至“农村中学”之别。又如，今年各小学普遍开设了历史常识课，现在的中学生与前两年有明显不同，甚至家庭和社会因素也会直接影响学生学习情绪。前两年的“少林武功”热曾使一些学生更加注意了解唐太宗，“岳飞传”小说连播，也曾使学生对北宋、南宋饶有兴趣，如此等等，均应引起历史教师的关注。可以这样说，“吃透”学生水平是一个永无休止的过程。

在“吃透两头”的基础上，要精心组织教材，选择教法，准备教具。组织教材，增减内容均应以课本要点为依据，以课本的顺序为顺序，必要时可作适当变动。绝不可因个人喜恶大增大减，打乱原有顺序。选择教法既要方便教师去“教”，更要有利于学生去“学”，有利于发展学生的智能。教学方法要灵活多样，符合实际。“准备教具”不仅意味着要把本节课使用的所有教具准备齐全，还要研究在讲课中使用教具的时机以及如何使用等。

在上述准备工作就绪之后，即可动笔写出教案。下面特推荐一份教案，略加评述，以为范例。

教案原文

《我国境内的原始人群》(1课时)

时宗本

教学过程

左栏

1. 启发学生热爱祖国的思想感情，引导学生接受新课

今天这节课：学习

教学目的

右栏

1. 通过对北京人及其文化的讲述，使学生了解：北京人已能够制造劳动工具，使用火，进行生产劳动。正是他们的劳动，改造着客观世界，也促进了人

伟大祖国历史的第一节课

我国：伟大的社会主义国家

古老文明的国家

最古老的人类居住地之一

从教法的角度确定难点。

2. 讲述：我国原始人类文化遗存

遍及全国各地原始人类遗骨化石的发现（指《祖国地形》挂图）——北京、陕西、山西、河南、贵州、云南……

元谋人

3. 讲述：北京人的发现

裴文中 周口店群众挖掘“龙骨”古脊椎动物化石系统发掘1927年开始

类体质的发展，从而理解恩格斯“劳动创造了人本身”的科学论断。艰苦的生活环境，使北京人只有群居才能生存和发展。原始人群是人类最早的社会形态。

2. 使学生知道：北京人的发现，为古人类学和考古学提供了极其丰富的材料，这是我国科学工作者为世界学术界作出的卓越贡献。要向学生指出，除北京人外，在我国领土上还发现过不止一处原始人类的活动遗迹，我国是世界上人类最早的生存地区之一。

简略评述

（1）“教学目的”表现了“史”和“论”的统一，基础知识传授和思想教育的统一。（2）进行爱国主义教育。

重点难点

1. 重点：（1）劳动创造了人本身，（2）人类的社会性。

2. 难点：如何运用“从具体到抽象”的教学原则，自然地、令人信服地使学生获得上述两个概念。

教具

《祖国地形》挂图

利用地图介绍“文化遗存”概况

左栏	右栏
1929年12月2日下午4点钟 第一个完整的头盖骨北京亚种（北京人）　　直立人震动了世界 十年发掘成果丰富 日军占领期间下落不明 中华人民共和国成立以后 “北京人”在学术上的地位	（1）由概述转到详述，由全面到典型。 （2）补充“发现”“系统发掘”过程，具体、生动，抓住了学生心理特点。
4.讲解：体质特征 遗骨“复原”（课本P2插图） “从外貌上看，像人还是像猿？” 总之，前额低平、眉骨突出、嘴部前身 脑容量：比人？比类人猿？ 上肢骨、肱骨似人——说明了什么问题？ “手不仅是劳动的器官，它还是劳动的产物” “真正的劳动是从创造工具开始的” 木棒、石器	利用课本插图，做到讲解、看书和提问相结合。
5.讲解：石器 （课本P3插图） 人类加工痕迹——砸打 使用工具　手的延长　改造自然 猿类只能使用现成的工具　能够制造工具是人和动物的根本区别	利用插图由形象向抽象过渡，深化认识，形成概念。
6.讲解：火 北京人用火的遗迹 大量灰烬　长期保留火种 天然火（雷火、火山火……） 想一想：有了火，就能够做到哪些	根据“用火遗迹”拓展学生想象能力，同时朗读课文，使想象有所遵循。

过去所做不到的事？（朗读课本P3第二自然段）

7.讲述：原始人群

环境、生活——艰苦、危险

如果只是一个人遇到一只梅花鹿……

如果只是一个人遇到一只剑齿虎……

怎么办？

由“今天”联想“过去”，自然地导入课文。

提出假设，为推理作准备。由形象问题引出抽象结论。

比喻贴切、形象

8.讲述：北京人的生活

学生朗读课文最后三个自然段

补充：“在已经发现的40多个北京人个体里面，能活到50岁的只有1个人，而不满14岁就早死的却占40%，这说明北京人的生活多么艰苦！北京人经过艰苦的斗争，不但战胜大自然而活了下来，而且能一代一代有所进步。人类就是这样逐步发展起来的。”

讲述、朗读相结合，朗度量大，重视培养阅读能力。

9.边指板书边总结：

“在我国，现在发现的最古老的原始人类是什么人？距离现在多少万年？

出土的东西最多最丰富的是哪种原始人？

在哪里发现的？

距离现在多少万年？

为什么说这些出土化石是属于人类的而不是属于猿类的？（学生回答后，再强调一下“劳动创造了人本身”的论

利用板书，用一系列“提问”“答问”形式进行总结，重视培养口头表达能力。

左栏 右栏

左栏

断）

“什么叫‘原始人群’”？北京人为什么必须过群居的生活？在原始人群之中，人与人之间的关系怎样？”

10. 布置作业（课本P4习题）

解释：“第一题的意思是问：北京人的双手已经很像人的手，而头、面还是有点像猿，这说明了什么问题？至于第二题，刚才所朗读的课文最后的三个自然段已经说得很清楚了。”

板书设计

第一编 原始社会

第一章 我国境内的原始人群

（一）远古时代，我们的祖先就生活在祖国的土地上——元谋人、蓝田人……

（二）北京人——四五十万年前北京周口店

1. 体质特征

2. 能够制造工具（石器、木棒）——人和动物的根本区别

3. 使用（天然）火

4. “劳动创造了人本身”

（三）北京人的原始群居生活

1. 共同劳动（采集 狩猎）共同享用食物

2. 语言的产生

3. 环境艰苦，群居

4. 劳动改造自然、改造体质，推动社会发展

右栏

解释：什么叫做“原始人群”？

原始人群是原始社会的初级阶段，又是特别漫长的一个阶段——占去人类历史这部大书100页中的99页。

只作画龙点睛的提示，不代为解答。

板书部分：

（1）排列整齐，有详有略，详略得当。

（2）有时间、地点。

（3）侧重要点提示，既概括又全面。

由上述典型教案可以看出：

（1）教案的结构形式为：①课题（授课时数）；②教学目的（体现知识传授、思想教育、能力培养多重目的）；③重点、难点；④教具；⑤教学过程（包括各种教学方法的使用，作业的布置）；⑥板书设计。

（2）“教学目的”应表现“史”与“论”的统一，知识传授和思想教育、能力培养的统一，既要概括，又要具体，不可过于笼统，也不可局限于细微枝节。时宗本的“教案”虽没有提“爱国主义教育”字样，但使学生直接受到一次极为生动的爱国主义教育。

（3）“重点”和“难点”有时一致，有时不完全一致。“重点”是指基础知识中的最重要之点，见之于教材之中。“难点”往往因教育对象不同而有所不同，同时既可以指“知识上”的难点，也可以是“教法上”的难点。时宗本教案的难点属于后者。

（4）教具多种多样，要准备齐全。时宗本教案所使用的教具有挂图和插图两种，共使用三次。使用时机恰到好处，形象直观，利于形成历史表象。

（5）要精心选择教学方法，例如讲述法、谈话法、读书法、读讲练三段法等。时宗本教案以“讲述法”和“讲解法”为主，结合使用谈话法和读书法。全课提问十多次，朗读课本中的两个自然段，重视培养学生的阅读能力。“布置作业”时，只作画龙点睛式的提示，不代为解答，以培养学生独立思考的能力。

（6）板书设计要有时间、地点、要点，要有详有略，排列整齐。时宗本教案板书二、三部分较详，总结全课时更充分利用板书，“边指板书边总结”对学生而言，既是认识的又一次反复，更是巩固和提高。

《世界历史》中的经典著作教学问题

教育部颁布的《全日制十年制学校中学历史教学大纲（试行草案）》中指出："历史教材和历史教学，一定要以马克思列宁主义、毛泽东思想为指导，完整地、准确地领会和掌握无产阶级革命导师关于历史科学的理论，对历史作出正确的叙述和分析，做到革命性和科学性的统一，观点和材料的统一。"由此可见，根据历史事实和按照马克思列宁主义经典作家关于历史科学的理论进行教学，是中学历史教学的基本原则。

我们认为，按照马克思列宁主义经典作家关于历史科学的基本理论进行教学，除了应根据经典作家关于阶级斗争、人民群众创造历史、历史按规律发展、经济基础决定上层建筑和上层建筑反作用于经济基础等历史唯物主义基本观点进行教学外，还应特别注意和重视《世界历史》（1982年新版）课本中所引用的经典著作的教学，它对于阐明重要历史问题，提高历史教学质量，初步培养学生运用经典作家的论述去观察历史现象和分析历史问题，都有重要意义。

1982年新版《世界历史》课本，对经典著作的引用，和1979年旧版《世界历史》课本相比，有很多删减，从一百一十三条删减到三十三条，另外增加的一条，即列宁在《论口号》（《列宁选集》第3卷，第107页）一文中，根据1919年匈牙利革命和苏维埃共和国建立所提供的具体历史经验，认为在特定的历史条件下，"革命有和平发展的可能。"（见《世界历史》下册，第191页）因为匈牙利革命就是无产阶级在暴力基础上的和平夺权。故而1982年新版《世界历史》课本，对经典著作的引用共三十四条，基本上做到精选。在这三十四条引文中，按经典作家分类：马克思和恩格斯的著作共十八条，列宁的著作十三条，毛泽东的著作三条；按引文内容分类：具有具体普通指导意义的历史理论问题论述十二条，具体历史人物评论二条，具体历史事件论述十八条，其他二条。

怎样进行这些经典著作引文的教学呢？我们认为：首先，教师要根据引文去看原著，看看整段文章，搞清引文是在什么时代、什么具体情况下针对什么具体问题而讲的。只有这样，才能对引文有一个正确的理解，才能真正掌握引文的精神实质。否则，难免断章取义，把学生引入迷途。然而，这种不屑查对原文，没有领会引文精神实质，违背引文原意的情况，在当前的中学历史教学中，是不乏其例的。例如，有的同志在讲解马克思关于巴黎公社原则那条重要引文：“公社的原则是永存的，是消灭不了的；在工人阶级得到解放以前，这些原则将一再表现出来”（见《世界历史》下册，第59页）时，就违背了马克思的原意。因为，既然是“这些原则”，那就不能说成只有一条原则，更不能把这条具体的原则，说成是普遍的、不可违背的原则。事实上，马克思就曾经说过，工人阶级总有一天必须夺取政权，以便建立一个新的劳动组织。“但是，我们从来没有断言，为了达到这一目的，到处都应该采取同样的手段。我们知道，必须考虑到各国的制度、风俗和传统；我们也不否认，有些国家……工人可能用和平手段达到自己的目的。”（马克思：《关于海牙代表大会》，《马克思恩格斯全集》第18卷，第179页）我们前面提到的新版《世界历史》新增加的列宁那条关于在特定的历史条件下，“革命有和平发展的可能”引文，也是同样的意思。尽管马克思所说的那些国家后来的历史条件发生了变化，但经典作家关于用不同的革命手段摧毁旧国家机器的光辉思想，正是我们应该深刻领会和在历史教学中加以贯彻的。

又例如，在讲马克思和恩格斯在《共产党在德国的要求》一文中，为德国革命制定了纲领，宣布全德国“为一个统一的、不可分割的共和国”（见《世界历史》下册，第8页）时，竟然说，马克思和恩格斯的这篇文章，为德国共产党制定了在1848—1849年德国革命中的正确的革命纲领。这样讲就断章取义了。因为此时不仅德国共产党没有建立，就是德国社会民主党也没有诞生。马克思和恩格斯在这里所说的“共产党”，是指共产主义者同盟。《共产党在德国的要求》是指共产主义者同盟在1848—1849年德国革命中的要求（政治纲领）。马克思和恩格斯是把这篇文章作为指示性文件，发给返回德国的共产主义者同盟成员的，怎能随意说成是为德国共产党制定了革命纲领呢！

再如，有的同志在讲马克思称颂斯巴达克具有“高尚的品格”，是“古代无产阶级的真正代表”（见《世界历史》上册，第53页）一段引文时，竟把“古代无产阶级”解释成工人阶级，说什么斯巴达克是工人阶级的真正代表。其实，马克思在这里所说的“古代无产阶级”，是指古代以奴隶为代表的劳动群众，根本不是近代意义上的工人阶级，不能把两个不同的“概念”任意混同。这样解释经典著作，是很不严肃的。

由此可见，在进行经典著作教学时，认真查对原著，领会引文精神实质，是非常重要的。实际上，查对原著和领会引文精神的过程，也是教师重新学习马列主义经典著作的过程，这对提高教师的理论修养和教学水平，也是大有裨益的。

其次，进行经典著作教学，不能从理论、原则和结论出发，也就是不能在讲解原文时用具体史实来证明经典作家某条理论、原则或结论的正确性。如果那样做，就是违反马克思主义的，因为“原则不是研究的出发点，而是它的最终结果；这些原则不是被应用于自然界和人类历史，而是从它们中抽象出来的；不是自然界和人类去适应原则，而是原则只有在符合自然界和历史的情况下才是正确的。这是对事物的唯一唯物主义的观点。”（恩格斯：《反杜林论》，《马克思恩格斯选集》第3卷，第374页）

但是，在当前的经典著作教学中，这种违反马克思唯物主义观点的讲授方法，还是比较普遍地存在的。例如，有的同志在讲解马克思主义关于英国资产阶级胜利是“资产阶级所有制对封建所有制的胜利”（见《世界历史》上册，第216页）等经典作家的引文时，就是从理论、原则和结论出发的，他们先把结论提出来，然后再列举史实来正面论证结论的正确性。有的教师甚至只是简单地把经典作家的结论搬出来，让学生机械地背诵。这样做的结果，不仅不能使学生领会这些结论的深刻意义，根据这些结论的基本精神去观察历史现象，分析历史问题，而且只能使学生把这些科学理论当作教条。

所以，进行经典著作教学，不应从理论、原则和结论出发，而应在讲清主要史实的基础上，根据史实引出必然的结论。然后再向学生指明经典作家的理论、原则和结论，就是根据大量史实，研究分析、概括抽象出来的，因而是正确的。只有这样，才能使学生通过教师的讲解，初步学会从客观实际出发，根据史实引出结论的唯物主义方法。

再者，在进行经典著作教学时，对于经典作家针对某一具体历史问题的论述，不能不顾时间、地点、条件的不同而生搬硬套。如果那样做，不但不能说明所要说明的历史问题，而且只能适得其反，陷入教条主义的泥坑。

但在当前的历史教学实践中，那种望文释义、生搬硬套经典作家的论述的现象还是经常碰到的。

例如，有的同志在讲解毛泽东同志所说的，无产阶级革命导师马克思、恩格斯适应时代的需要，担负起创立科学共产主义的历史任务，马克思和恩格斯之“所以能够做出他们的理论，除了他们的天才条件外，主要的是他们亲自参加了当时的阶级斗争和科学实验的实践”（见《世界历史》上册，第224页）的论述时，由于没有搞清楚毛泽东同志在这里所说的“科学实验”概念的确切含义，竟说马克思和恩格斯在创立科学共产主义时，不仅从事阶级斗争的实践，而且还从事自然科学实验。这是一种明显的误解。实际上，毛泽东同志在这里所说的“科学实验”，是一种泛指，并不是说马克思和恩格斯当时还从事自然科学实验活动。这种望文释义，实际上是对经典著作一种形而上的生搬硬套。

又例如，有的同志在讲解列宁的一段引文：“当拿破仑建立了法兰西帝国，奴役欧洲许多早已形成的、有生命力的民族大国的时候，法兰西的民族战争便成了帝国主义战争，而这种帝国主义战争又反过来引起了反对拿破仑帝国主义的民族解放战争”（见《世界历史》上册，第199页）时，由于没有很好领会原文精神，不仅把法兰西帝国和法国帝国主义，拿破仑的“帝国主义战争”和帝国主义时期的帝国主义战争搞混淆了，还不顾时间、地点和条件的不同，和帝国主义国家之间的帝国主义性质战争进行不恰当的类比。

其实，列宁在这里所讲的拿破仑“帝国主义”，是指拿破仑建立的资产阶级军事专政的法兰西第一帝国（1804—1814年）；拿破仑的“帝国主义战争”，则是指拿破仑后期，主要是为了掠夺和奴役其他欧洲国家所进行的侵略战争。这和帝国主义时期的帝国主义性质战争，是两个不同的历史概念，既不能混淆，也不能生搬硬套。因此，我们在进行经典著作教学时，一定要了解和掌握经典作家的某一结论，是在什么历史条件下、是针对什么具体历史问题的、其确切含义是什么？无论如何不能把经典作家关于某一具体历史问题的论述，不顾时间、地点和条件的不同，当做普遍规律去套用。

同时，经典作家关于历史问题的理论、原则和结论，也不是一成不变的，作为科学，它也会随着时代的前进而有所发展。正如列宁所说：“马克思主义不是死的教条，不是什么一成不变的学说，而是活的行动指南。”（列宁：《论马克思主义历史发展中的几个特点》，《列宁全集》第20卷，第87页）因此，教师的责任就是要教育学生在马克思主义历史科学理论的指导下，从具体历史情况出发去观察历史现象，学习历史问题。

在三十四条经典著作引文中，有些是重要理论性概括的引文。如：“国家是剥削被压迫阶级的工具。”（见《世界历史》上册，第6—7页）“新的革命的来临，像新的危机的来临一样，是不可避免的。”（见《世界历史》下册，第39页）“最民主的资产阶级共和国无非是资产阶级镇压工人阶级的机器。”（见《世界历史》下册，第201—202页）“机会主义是我们的主要敌人。”（见《世界历史》下册，第203页）等等，这些理论性概括的引文具有普遍指导意义，是经典著作教学的重要内容，也是我们历史教学必须遵循的理论指导原则。所以，应该重视理论性概括引文的教学。

怎样进行理论性概括引文的教学呢？我们认为，教师在讲解这些理论性概括时，必须以较多的史实为基础，才能讲解清楚。如讲解“国家是剥削被压迫阶级的工具”，就应分别列举奴隶制国家、封建制国家、资本主义国家都是剥削被压迫阶级——奴隶阶级、农民阶级和工人阶级的工具；在讲“最民主的资产阶级共和国无非是资产阶级镇压工人阶级的机器”时，也应列举不同类型的资产阶级共和国镇压工人阶级的具体事例来加以说明。这样，才能使学生真正领会这些理论性概括的精神实质和确切含义，而不至于仅仅学会囫囵吞枣地背诵现成的结论。

此外，如果条件和时间许可，在历史教学过程中，特别是世界历史教学过程中，还可以适当补充引用经典作家的一些重要论述。如《家庭、私有制和国家的起源》《法兰西内战》《帝国主义是资本主义的最高阶段》《俄国资本主义的发展》《亚洲的觉醒》等文中的论点，以提高历史教学质量，增强历史教学的思想性和战斗性。但补充要适当，一定要量力而行，一定要精选，切不可无目的地盲目贪多。

以上看法，仅是一管之见，很难说是什么经验，我们之所以要把这个问题提出来，其目的是想让大家重视经典著作教学，研究经典著作教学，以便创造更多更好的经验来。

《中国历史》中的字、词教学问题

教育部颁布的《初级中学中国历史教学大纲（草案）》中指出，“教师在讲授教材的主要内容时，应讲清楚一些必要的历史概念、术语、难懂的词。”对于要“讲清楚一些必要的历史概念”，很多历史教师是十分重视的。但是，对于要讲清楚一些必要的术语和难懂的词，却未能引起历史教师应有的重视。有些历史教师认为，讲解历史教材中的难懂字词，不是历史教师的任务，因此忽视和放松了对难懂字词的讲解，造成当前《中国历史》教学，特别是中国古代历史教学中的字词成为薄弱环节，直接影响到历史教学质量的提高。

为什么要重视《中国历史》课中的字词教学？它和提高历史教学质量有些什么关系？应该怎样加强历史课中的字词教学？下面谈谈我们的一些粗浅看法，希望能够引起大家的重视。

教材是学生学习的唯一依据。教师的任务是“传道、授业、解惑”，就是要教懂学生。而要教懂学生，必须讲懂教材，以扫除学生文字阅读上的障碍。只有教师讲懂教材，学生才能在读懂教材的基础上，进行理解记忆、掌握巩固，提高历史教学质量才有保证。

大家知道，我们在历史教学过程中，必须坚持和贯彻的一条重要原则就是学生的“可接受性和量力性”原则。也就是说，我们的历史教学一定要从学生的水平和接受能力出发，来考虑我们的教学内容和应采取的教学方法。

我们对《中国历史》课的教学对象——初中一、二年级学生的知识情况进行了调查，发现他们除历史和地理知识相对贫乏之外，语文阅读能力也相对较差。他们对《中国历史》课本中出现的许多历史概念和术语中的字词或不认识，或不知道在课本中作什么解释，还有不少字不会读音、不会书写，甚至不能正确读出历史人物姓名。如果历史教师在教学过程中，不重视字词教学，不结合教学对这些字词进行讲解，那么学生连字词都不会读，不会写，不能理解，就很难真正掌握和理解历史概念和术语的确切含义。即使我们在课堂上分析得很好，那也只能是教师无的放矢地教，学生囫囵吞枣地学，教学效果不可能是很好的，教学质量也是难以保证的。

再从学生掌握历史知识的规律来看，学生形成历史概念和掌握术语的过程，总是从感性认识上升到理性认识、从直观到抽象的过程。而在这个过程中，讲清楚历史概念和术语中难懂的字词，是帮助学生形成历史概念和理解术语的第一步，因为历史概念和术语永远是和字词联系在一起的，学生只有在认识和理解字词的基础上，才能正确掌握历史概念和术语的含义。讲清楚历史概念和术语对于几乎还没有什么历史概念的初中一、二年级学生来说，尤其显得重要。

怎样加强《中国历史》课中的字词教学？我们认为：首先，应指导学生课前预习，主要是要求他们阅读历史课本，在阅读过程中，尽可能地扫除一些文字上的障碍。然后，再将不会读、不认识的字，不懂的词句、术语和其他各种疑难问题提出来，以便教师重点讲解。现以《中国历史》第一册《商鞅变法和封建制度的确立》一节为例，学生不理解或不甚理解的概念或术语中的字词，就有诸侯、战国七雄、割据、专政、变法、爵禄、军功、授爵、县制、徭役、蜀守、自然经济等（指加重点号的字、词）。不会读音或不认识的生字，约有蓟（jì计）、郢（yǐng影）、淄（zī资）、稽（jī鸡）、什（shí实）、陌（mò末）等。再以《秦的统一和秦末农民战争》两节教材内容为例，除了一般学生不理解的约十个生字外，不理解或不甚理解的词句、术语还有二十多个，如措施、裁决、任免、通令、征发、小吏、赋税、暴政、演化、滥施、治理、郡县、兼并等。这一方面反映了学生语文基础较薄弱，另一方面说明了《中国历史》课本语词难度较深，学生阅读和理解确有较大困难。如果教师对这种情况不了解，或不甚理解，那么教师就不可能有针对性地进行备课，其结果只能是盲目地、无的放矢地教，效果就不可能很好。当教师了解了学生的这种实际情况，就可以做到心中有数，就可以从学生的实际水平出发，有针对性地进行教学了。所以说，只有了解学生，才能教好学生。而组织学生课前预习，则是了解学生的一种好办法。

其次是注意“三正”，即在教学中，严格注意培养学生正确读音、正确书写和正确理解历史人物姓名的能力。

关于正确读音：教材上比较难读的生字一般都作了注音，但也有一些多音多义字或生字没有注音，对于这些字，教师如果不着重讲解，学生是常常要读错的。如“石”（古读shì，今读dàn），“大”（宋置医官，读dài，大夫；古代爵名则读dà，大夫），“贾”（gǔ人名，如陆贾，商人，读商贾等；又读jià，“价”的古字），“濞”（吴王刘濞，读pì，不读bì），还有“绾”（读wǎn，不读guān）、“瓠”（读hù）、“菑”（读zī），等等。

另外，作为教师来说，对某些多音字，不仅要使学生知道在不同地方的不同读音，最好还应使学生知道为什么字同而读音不同。如墨翟的翟，翟让的翟等字的读音，教师也是应该讲清楚的，这样，就可以使学生不仅知其然，而且能知其所以然。还有不少应该注音的字，教材却没有注，如辛弃疾“壮岁旌旗拥万夫，锦襜突骑渡江初”一诗中的“骑”字，应读（jì 寄），由于没有注音，学生往往误读为（qí 琦）等，对于这些没有注音，而学生往往容易误读的字，教师也应该注意纠正。

注意正确读音，并不是什么苛求，而是对中学生的一种不可忽视的基本训练。

关于正确书写：根据了解，学生的历史作业和历史答卷中，出现了许多错别字和非规范化的字，诸如将“秦王嬴政”写成“秦王赢政”，将“苻坚”写成“付坚”，将“诸侯”写成“诸候”，将“廖仲恺”写成“寥仲恺”，将“冯玉祥”写成“冯玉详”，将“横征暴敛”写成“横征暴俭”，等等。究其原因，除了有些学生学习不认真、书写马虎外，教师对学生没有严格要求、严格训练，没有在教学中注意引导学生养成正确书写的习惯，也是重要原因之一。

因此，在《中国历史》课程教学中，严格要求学生正确书写历史概念、术语、人名、地名，不让他们将顺手拈来的字写进历史作业和历史试卷中，这对他们养成正确书写的习惯以及提高《中国历史》课的教学质量都是有益的，应予提倡。现在的高考历史试卷评分标准明确规定：凡是中国人名、地名、专有名词等字写错了，一律不予给分。这的确是一种纠偏救弊措施，如果历史教师平常都能这样严格要求学生，一定能取得良好效果。

关于正确理解历史人物姓名：初中一、二年级学生在学习《中国历史》时，还有一个正确理解历史人物姓名的问题。有些历史人物的姓名，由于历史教师在教学中没有加以讲解，就会时有发生学生把历史人物姓名理解错、闹出了笑话的情况，这是应该引起历史教师高度重视的。例如，不知道淳于（越）、皇甫（嵩）是复姓；把“李春营建赵州桥”，说成是“李春营”“建赵州桥”；把送文成公主入藏的“江夏王李宗道”，说成是“江夏王”和“李宗道”；把“丞相李斯”，说成是“丞相”和“李斯”；把“西夏王元昊”，说成是“西夏”“王元昊”；等等，都是屡见不鲜的。所以说，在《中国历史》教学中，注意帮助学生正确理解历史人物姓名，特别是少数民族中的历史人物姓名，是应该引起历史教师高度重视的。

由此可见，培养学生正确读音、正确书写、正确理解历史人物姓名的能力，是《中国历史》教学中不可忽视的基本功训练，它直接影响到学生对教材的理解和历史教学质量的提高。

再就是根据学生的实际水平，在讲解历史概念和重要术语时，首先从难懂字词入手，在讲解清楚历史概念和重要术语中难懂字词的基础上，再向学生讲解历史概念和重要术语的含义。例如，在讲“战国七雄”这一历史概念时，首先解释“雄”字，除有雌、雄之雄的意思外，还有宏大、威武的意思，这里的“雄”字是借喻杰出的或强有力的人物和国家。因此，“战国七雄”的“雄”字，就是表示战国时期最强有力的七个诸侯国。“雄”字解释清楚了，再讲“战国七雄”历史概念的全部内容，学生就很容易从感性认识上升到理性认识，形成历史概念，而且形象、直观，便于学生记忆，就很少会出现张冠李戴的现象，因为学生只要想到“雄”字的解释，就可以联想出“战国七雄”的内容了。许多重要历史概念，如“焚书坑儒”“三国鼎立”“澶渊之盟”“宋金对峙”“一条鞭法”等，都可以采用这种方法进行讲解。又如在讲解“诸侯”这一重要术语时，首先解释“侯”不同于“气候”的“候”。“侯”除了是古代的一种爵位名称外，还是古代有国者的通称，即国君的意思。“侯”字解释清楚后，再讲“诸侯”这一术语，是指西周、春秋时代分封的各国君主。他们要服从王命，要定期朝贡，并有出兵和服役的义务。但他们在分封的范围内，世世代代掌握统治大权。这样讲，学生只要记住“侯”字的解释，就很容易联想出“诸侯”的含义。其他如徭役、连坐、张楚、削藩、陵墓、榷场、朋党等重要术语，也都可以采用这种方法进行讲解。从难懂字词入手讲解重要历史概念和术语，所花费的时间并不多，因为它不是像讲语文那样独立地讲解字词，而是紧密地结合讲解历史概念重要术语进行的。讲解字词的目的，是为了帮助学生理解历史概念和术语的含义。虽然花了一点时间，但是十分必要的。

在运用和讲解课本中所引用的一些重要历史文献和文学作品时，也可以从讲解难懂字词入手。这样，学生就可以在掌握难懂字词的基础上真正领会所引材料的含义，比那种不接触难懂字词，只泛泛地讲一下所引材料的大意效果要好。这样讲，可以帮助学生理解所引材料的意思，可以更好地发挥历史文献、文学作品在《中国历史》教学中的作用。例如，在讲董仲舒“罢黜百家，独尊儒术”这条重要建议的引文时，先解释“黜”是废除和贬斥，在这里是禁止的意思；“术”是学术观点的意思。然后，再指出这条建议的内容，学生就比较清楚了。再如，在讲王小波起义时提出的重要口号：“吾疾贫富不均，今为汝均之”时，先解释“疾”是动词，作痛恨解；“汝”是你；前一个“均”字作平均解，后一个“均”字是均分的意思，然后再解释这句口号的含义，学生就容易理解了。其他如“苍天已死，黄天当立，岁在甲子，天下大吉”“挟天子以令诸侯”“民为贵，君为轻”“杀人者死，伤人者偿创”以及古诗“朱门酒肉臭，路有冻死骨”“人生自古谁无死，留取丹心照汗青”“死去元知万事空，但悲不见九州同，王师北定中原日，家祭无忘告乃翁”等，都可以采用这种方法进行讲解。

此外，有些难以理解的概念、术语，尽管材料上已经作了注释，但教师也不能满足于对课本注释的复述，还应作进一步解释说明。如“宦官”这条术语注解说是“宫廷里侍候皇帝和皇帝家属的人”，仅仅这样解释，学生很难真正理解其含义，于是便产生了“宦官”是男人还是女人的疑问。如果教师讲解“宦官”术语时，解释为“宫廷里侍候皇帝和皇帝家属的男人”，学生就比较容易理解了。类似这种情况，在讲解概念和术语时，也是教师应该注意的。

注意“三正”和从字词入手讲解历史概念和术语，要求教师既要理解学生，又要真正吃透教材；既要调查学生有哪些字词不会读、不会写、不理解，又要真正弄懂这些字词的正确读音和正确释义。这确实是要下一番功夫的，否则是不大容易讲解清楚的。但是，我们认为，为了提高中国历史教学质量，这番功夫是非下不可的。

重视和加强中国历史课中的字词教学，注意“三正”和从字词入手讲解历史概念和术语，除了符合初中学生的实际知识水平、有利于学生形成历史概念和更好地发挥历史文献和文学作品的作用、提高历史教学质量外，还有另外一个重要作用，就是它有助于学生语文阅读水平的提高。可以设想，如果我们能够在中国历史教学中，有计划、有选择、有重点地结合历史概念、术语、古典文献的讲解，向学生讲解清楚五百个左右难懂的字词，那么，对学生语文阅读水平的提高和书写能力的锻炼，该有多大帮助！由此，我们也可以看出，中国历史课和语文课是紧密联系的，是互相渗透的。

历史知识记忆方法

记性的重要性是不言而喻的。特别是当今时代，知识的增长被人们称为“信息爆炸”或“知识爆炸”，信息和知识以十分迅猛的势头向四面八方扩展。随之而来的，一是信息和知识的量急剧增长；二是信息和知识的质在不断提高，现代化的科学知识，各种新兴的科学必将影响人们的知识结构；三是知识的陈旧率也在增长，知识的新陈代谢在加速。面对这样的形势，研究记忆规律，探讨积累信息和知识的方式方法，提高记忆能力就显得尤为重要了。

心理学研究表明，人的大脑有四个功能部位，其中之一叫做“贮存区”。这个“贮存区”到底是由什么物质基础组成的，至今还是尚未得出结论的研究课题。有人设想脑细胞中大分子RAN（核糖核酸）可能就是储存信息的物质基础，储存信息的过程也就是人的记忆过程。最近，美国科学家威廉·贝纳特认为大脑有一种叫PDH的蛋白质分子，PDH就是一种记忆物质。可以预测，一旦人类掌握了记忆的物质，人们的学习和记忆将会发生深刻的变革。

目前，众多的心理学家认为，记忆的过程可分为四阶段：（1）识记。识记是记忆的过程的起点，是人们把外界事物的形象铭刻在头脑中，感知而形成印象。或者用信息论观点说，叫做信息输入。（2）保存。就是把知识中所得到的印象保留在大脑之中，也就是信息在大脑中编码储存的过程。（3）再认。过去保留在头脑中的形象再一次出现，能够“再认”，确认是已知的事物。（4）再现。再现是过去保留在头脑中的形象虽然没出现，但根据需要可以使它再一次显示出来。再现是提取信息的过程。记忆的分类有四种分法：从记忆的目的性看，分为有意记忆和无意记忆两种；从记忆的内容看，分为抽象记忆和形象记忆两种；从记忆方法看，分为机械记忆和意义记忆两种；从记忆时间长短看，分为瞬息记忆、短时记忆和长时记忆三种。记忆讲究“四性”：敏捷性——记忆的速度要快；持久性——记忆的牢固程度高，保持的时间长；准确性——指回忆时准确无误；备用性——需要某项知识时，能立即把它们从记忆储存器中提取出来。

通过将记忆过程、类别、特性运用于历史教学之中，考察人们实践经验后可以发现，常用的历史知识记忆方法有如下几种。

以形会意记忆法。“形”指课本插图、版图、挂图，包括历史地图、历史人物图、历史图画等各类图形。图形以其形象、具体为主要特征，它作用于人们的感官，形成印象。这正是记忆的第一步——“识记”。“识记”在记忆中是首要环节，“识记”给予人们的印象应该清晰而又深刻。只有这样，才能长时间地保持。否则，印象模糊肤浅，就难以记住。历史课本中的“形”从来不是孤立存在的，“形”和“意”尤不可少。从总体来看，“形”是为揭示历史发展规律服务的，是学习历史的手段。从“会意”的角度而言，则属于“意义记忆”一类。“形”和“意”结合得好，二者相得益彰，强化记忆。以《清明上河图》为例，学生首先“识图”，获得清晰而具体的人物形象、汴河两岸繁荣景象，不仅会为画家张择端的绝妙之笔所感叹，而且会因此产生一些联想，诸如北宋末年市场的繁华和农业、手工业、商业发展有联系，市场繁荣和货币使用有联系，等等。这样“以图会意”，或者以意连图，都会增强记忆。又如“唐末农民战争”一节，当历史教师充分利用“唐末农民战争形势”一图时，学生立即会形成鲜明的印象：这次起义的特点之一是流动作战。以形会意的记忆效果是其他方式所不能代替的。

纵向联想记忆法。纵向联想记忆法是按照历史事物发展时间先后顺序，事物内部因素联想为特征的记忆法。这种记忆方法的主导方面属于抽象记忆、意义记忆。例如，人类社会发展的各个历史阶段及其连接，这一朝代为那一朝代所代替，某一历史事件所呈现的各个时期及其转折点均可用纵向联想记忆法，这里关键是要揭示出事物的因果联系。如唐朝从建立到灭亡（618—907年）共289年，通常分为唐朝前期、唐朝后期、唐朝末年。唐朝前期“繁荣强盛”，何以会出现这等问题？原因在哪里？唐朝后期危机四伏，矛盾重重，安史之乱、藩镇割据、宦官专权、朋党之争接踵而来，原因又在哪里？所有这些对“唐”的发展有何影响？唐朝末年义军四起，农民起义的根本原因是什么？直接原因是什么？我们把这些问题搞清楚了，并且进一步把它连接起来，纳入记忆或编码储存，就会有良好的记忆效果。“纵向联想记忆法”的关键是紧紧抓住“原因”和“结果”两项。由于中学生的知识水平和记忆经验有限，对于非直接的、不明显的“原因”或“结果”，不适宜用纵向联想记忆法。

横向联想记忆法。横向联想记忆法是通过把握同一历史时期不同性质历史事件的相互影响、相互制约的联系以达到记忆的方法。如果说纵向联想记忆注重历史现象“一条线”，而横向联想记忆法则是侧重于“一个面”，“线”和“面”结合形成知识记忆序列的网络状。如“清朝前期的统治”一章，首先要记住“清朝前期”是指1644至1840年这一时期。“清朝前期”的“统治”包括“前期的经济”“收复台湾和抗击沙俄侵略”“巩固统一的多民族国家的斗争”“前期各族人民的反抗斗争”四个方面。“前期的经济”一项又包含“农业”“手工业”“资本主义萌芽的缓慢发展”等内容。上述历史事物同时存在于“清朝前期”，性质各异，但又有其横向联系。如经济是基础，决定和影响“政治”“战争”；“农业”“手工业”是经济的主体成分，它的发展也决定和影响商业以及资本主义萌芽。同时“各族人民的反抗斗争”不是孤立存在的，它是前期阶级矛盾、民族矛盾的产物，对于诸如此类的历史知识应运用“横向联想记忆法”，由牢记其中一项内容为基点，左右联想，推及其他。

相似联想记忆法。历史的发展有着惊人的相似之处，许多历史事件的发生、发展、特点极为相似，这种相似是客观事物的某种联系。相似联想记忆法是反映客观事物这种联系的方法。相似联想记忆法的内容不受时间、空间的限制，可以是同时间的相似事物的联想，但更多的是异时异地事物的联想，总之，以达到强化记忆为目的。例如，当我们记忆太平天国《天朝田亩制度》的内容时，同时可以追记北宋王小波、李顺起义的“均贫富”的口号，南宋钟相、杨么起义的“等贵贱，均贫富”的口号，明末李自成起义军“均田免粮”的口号。又如，当我们记中国的“戊戌变法”的内容、经过时，同时可以联想日本的“明治维新”。再如，可以把“兴中会”的纲领、“华兴会”的纲领和“同盟会”的纲领一起记忆，因为三个纲领有相似之处。这里需要着重指出，相似联想绝不是等同联想，相似联想是反映历史事物的科学方法论，将其与联想等同起来则是完全错误的。历史上没有任何两件事物是可以完全等同的，等同联想忽视了客观事物的千差万别。在青少年的记忆中常把“相似”和“等同”混为一谈，应引以为戒。

相反联想记忆法。与相似联想记忆法完全不同，相反联想记忆法着眼于历史事物的对立，也就是说由对某一历史事物的感知和记忆，能够引起和它具有相反特点的历史事物的记忆。对立联想也是人们常用的记忆法。如对于战争中交战的双方、政治斗争中两个对立的派别、思想领域内两个不同的流派均可用相反联想记忆法。讲“赤壁之战”，人们很自然地记住曹操和曹军，也必然会记住刘备、诸葛亮和孙权、周瑜及孙刘联军。讲到鸦片战争期间清政府内部两派，由林则徐为代表的严禁派可以推及穆彰阿和琦善为代表的弛禁派。其他如戊戌变法运动中维新派与顽固派、洋务派的论战；辛亥革命时期革命派和立宪派的论战；抗日战争时期的两个战场、两条不同的抗战路线及其斗争等，都是相互依存而又完全对立的历史现象，对这类历史现象进行记忆，可以使用相反联想记忆法。

历史特征记忆法。历史现象、历史事件，各有其特征。不过，因为确定特征的角度有所不同，一般有外部特征和本质特征之别。时间、空间、数字应属外部特征，历史事物质的规定性则属本质特征。研究历史事物外部特征和本质特征，均可强化记忆。

以“历史年代”为例，可根据记忆需要进行新的排列组合，如“奇数年表”：1911年辛亥革命，1913年二次革命，1915年护国运动，1919年“五四”运动爆发，1921年中国共产党成立。同样，可将中外大事混合编成“逢十进一大事年表”：1851年：太平天国成立。1861年：清政府设总理衙门；俄国农奴制改革；美国内战开始。1871

年：巴黎公社；马克思写成《法兰西内战》。1881年：《中俄伊犁条约》签订；苏丹马赫迪反英大起义爆发。1891年：恩格斯公开发表马克思的《哥达纲领批判》。1911年：武昌起义。1921年：俄共（布）"十大"通过新经济政策的决议；中国共产党成立；帝国主义分赃的华盛顿会议开始举行。1931年：日本发动"九一八"事变。1941年：皖南事变；苏联卫国战争开始；太平洋战争爆发。

在历史教学中，数字比较枯燥，难以记忆。但利用特征，也可增强记忆。如英国偷运到中国鸦片情况：十八世纪中期（年）为200箱（100%）；十九世纪初期（年）为4 000箱（2 000%）；1838年到1839年35 000箱（17 500%）。半个世纪的时间，英国偷运仅中国鸦片骤增到175倍。

歌诀、谐音记忆法。歌诀、谐音记忆法是把某些历史事件、时间、地点、人物编成歌诀或顺口溜，利用音调、音律的和谐达到记忆。如"中国历史朝代歌"："唐尧虞舜夏商周，春秋战国乱悠悠。秦汉三国晋统一，南朝北朝是对头。隋唐五代又十国，宋元明清帝王休。"又如可把中央集权制度的形成和加强编成四句顺口溜：秦皇中央设"三职"，隋唐"三省"加"六部"。明设"殿阁大学士"，清代实权"军机处"。再如，有的教师根据字音特征，要求学生记住公元843年，查理曼帝国一分为三。还有的教师把无产阶级革命导师马克思诞生于1818年5月5日表述为：马克思的诞生是对全世界的资产阶级"打了一巴掌又一巴掌"（语音释意为1818年）迫使他们疼得"捂了又捂"（语音释意为5月5日）。这种谐音记忆虽然表意不甚准确，但记忆效果极好，颇受学生欢迎。

区分正误记忆法。有些历史知识，正误易于混淆，细微差别更难把握。反映在人们的记忆中往往是正误杂陈，是非难辨。如何纠正记忆中的误差现象呢？这就要采用区分正误记忆法，更多地接触那些属于"选择"性的问题。从"选择""辨别"中，达到准确记忆。如1947年7月，揭开中国人民解放军战略进攻序幕的标志是：①陈毅、粟裕同志领导的华东野战军粉碎了山东国民党军队的重点进攻；②彭德怀、贺龙等同志领导的西北野战军转入反攻；③刘伯承、邓小平等同志领导的野战军强渡黄河，向大别山挺进。应该看到，上述①②③三个答案极易混淆，一是因为时间接近，二是三者都和“战略进攻”紧密相连。但确切地说，真正成为“战略进攻的序幕的标志”的只能是③，而不是①和②。又如，同盟会成立后，进行了多次武装起义，其中孙中山亲自参加的起义是：①萍浏醴之役；②潮州黄冈之役；③惠州七女湖之役；④镇南关之役。应该说，上述起义都是在孙中山直接或间接领导下发生的，但属于孙中山“亲自参加的起义”只有“镇南关之役”。

视、听、读、写协同记忆法。上述种种记忆法大多是以记忆客体这样那样的特殊性为出发点的。然而，记忆客体进入大脑“贮存区”只有四条通道：视、听、读、写，每一条通道单独使用都有一定的记忆效果。例如“视”，学生看到的历史图像鲜明、形象、色彩协调，那么这幅历史图像就会贮存在大脑中，时间也会长久一些。又如“听”，如果学生听到的是一堂极为生动而感人的历史课，那么印象就会深刻得多。所谓印象，就是客体进入了大脑贮存区。然而，仅仅依靠某一条通道则是不够的，应该把视、听、读、写协同起来，才能取得最好的记忆效果。视、听、读、写协同记忆，不仅调动了人的多种生理机能作用于记忆客体，还促进了记忆内容的多次反复。记忆的最大敌人是遗忘，战胜遗忘的唯一方法就是反复记忆。多通道协同记忆法使反复的频率增大，遗忘率降低，记忆的内容就会有瞬时记忆、短时记忆转变为长时记忆。

朗读、背诵记忆法。朗读，是指一遍又一遍地口读，以至于熟读。背诵比朗读的要求更高，不仅要做到熟读，而且要熟记、牢记。朗读、背诵记忆法是我国传统的记忆方法，这是强化记忆的有效方法之一。在历史学习中，应该有朗读、背诵记忆方法，例如人名、地名、年代、重要的术语概念，某些精辟的论断，必须做到熟读、熟记、记得准确。朗读、背诵法含有机械记忆、理解记忆两种性质，简单的囫囵吞枣般死记硬背是不可取的，不能要求学生一味地照本宣科，读死书、死读书，那是窒息创造精神的做法。但也不能对朗读、背诵法进行一概反对，应该提倡在理解的基础上朗读、背诵，通过朗读、背诵增进理解。朗读、背诵过程中必然带有机械记忆成分，这是毋庸置疑的，在一定范围内，机械记忆也是必要的。

以上我们介绍了十种历史知识记忆方法，实际上还远不止这些。总的来说，上述种种方法对发挥大脑“记忆区”的作用，训练和增强记忆能力不无帮助。但也不能孤立地看待方法，从记忆过程看，首要的先决条件是记忆愿望，其次才是方法。人们首先“想”记住它，然后再去研究记的方法。无目的的自发记忆是存在的，但那不会是长久记忆。并且，还要集中注意力和记忆对象。心理学家的实验证明，在注意力和记忆对象不集中的情况下阅读十遍材料不如在集中条件下阅读两遍的记忆效果好。影响注意力集中的因素有内在的，包括记忆习惯等，也有外在的客观的干扰，所有这些方面都值得引起我们的重视。

“历史比较研究法”在教学中的运用

什么叫“历史比较研究法”？人们认为，“历史的比较研究，是指对历史的事物或概念，包括事件、人物、思潮和学派等，通过多种方法进行比较对照，判明其异同，分析其缘由，从而寻求共同规律和特殊规律的一种方法”（见《光明日报》《史学》327期，邵云文）。我们基本同意而不是完全赞同上述提法，主要理由是“历史比较研究法”更应强调对两个或两个以上国家和民族的历史发展进行比较对照，其目的不但是发展本民族的历史科学，而且是建立和发展世界历史科学。这些正是目前史学界感到最紧要的课题。

顾名思义，本文意在分析“历史比较研究法”在中学历史教学中的运用，而不是在理论上对“历史比较研究法”作宏观考察。诚然，历史教学与历史研究有着大体相同的对象和活动领域，但历史教学直接面对千千万万的青年一代。因此，历史教师正确运用“历史比较研究法”对培养青年的比较能力有重大意义。同时，一切认识来源于实践，总结教学实践中的得失利弊也有助于我们深化对“历史比较研究”的认识。

首先，我们看到“历史比较研究法”在教学中应用得相当广泛。大至社会形态，小至术语概念无处不可比较。其中，有性质上的同、异比较，有范围上的广、狭比较，有时间上的长、短比较，有程度上的深、浅比较，等等。

例如，人们在教学中经常讲到“富者田连阡陌，贫者无立锥之地”“朱门酒肉臭，路有冻死骨”，这是阶级矛盾、阶级对立的性质上的比较；讲到岳飞和秦桧、民族英雄与卖国汉奸，这是历史人物“忠”与“奸”的比较。又如人们讲“太平天国运动是中国近代史上规模巨大、波澜壮阔的一次伟大的反封建反侵略的农民运动”时也是就比较而言，范围上——既与以往农民运动又与后来的义和团运动比较，特点是“规模巨大、波澜壮阔”；性质上——“反帝反封建”，既不同于以往历次农民起义，也与义和团的“反帝爱国”有所区别。再如，张衡发明地动仪比欧洲出现的第一台地动仪要早一千七百多年，祖冲之把圆周率的数值准确推算到小数点以后的七位数比欧洲要早一千多年。这是我国与欧洲在取得某些科技成就的时间上的比较。在教学中运用程度上的深、浅比较，极易显示历史事物发展的进程及其阶段性。如把《南京条约》《北京条约》《天津条约》《马关条约》《辛丑条约》进行系统比较，可以清楚地看出，中国从封建社会一步一步地变成半殖民地半封建社会的过程。

这里需要着重指出，人们在进行广泛比较时，一定要区分哪些是现象比较，哪些是实质比较。现象比较是需要的，由现象进入实质进行本质比较则更加需要。例如，比较英、美、法三国资产阶级革命的异、同，应从现象比较入手，先比较三次资产阶级革命各自爆发的时间、地点、领袖人物、具体经过。然后进入本质比较，比较其性质，人民群众的历史作用，每次资产阶级革命的影响及历史意义。经过这样的历史比较研究，就能够在逐一了解英、美、法资产阶级革命各自特点的基础上，进一步把握世界资产阶级革命的全局。又如，在新民主主义革命过程中曾有两次重大历史性转变，一次是北伐战争的失败到土地革命战争的兴起，一次是由第五次反“围剿”的失败到抗日战争的兴起。把这两次转变作历史比较，人们可以看到具体历史条件、转变过程存在许多相异点，这是历史事物的现象方面。本质问题是每一次转变都是由于我党克服自身的缺点而前进了；每一次转变都是从失败到胜利的转变，每一次转变都开创了胜利发展的新局面。

人们在广泛进行比较时，还要注意比较的形势。有些是明显比较，有一些则是不明显比较。教师通常采用的列表式比较和问答式比较是明显比较。例如，许多教师把两次世界大战的起因、经过、意义制成比较表，组织学生逐项填写。问答式比较如：对比“辛亥革命”和“五四”运动，说明“五四”是一次彻底地不妥协地反帝国主义和反封建主义运动；“比较《辛丑条约》和《马关条约》的异、同，为什么说《辛丑条约》的签订标志着中国社会完全沦为半殖民地半封建社会”，等等。一般来说，明显比较总带有“比较”“对比”“对照”字样，在形式上清楚明白，一目了然。而不明显比较，一般无比较字样，比较法的运用见之于字里行间。例如，东汉光武帝调整统治政策，田租由“十税一”恢复到西汉初期的“三十税一”，这里仅用“恢复”二字就对东汉初和西汉初的田租状况作了比较。又如，维新变法运动期间维新派同顽固派和洋务派展开了激烈的论战，中国同盟会成立后，以孙中山为代表的革命民主派同以康有为、梁启超为代表的立宪派进行了论战，新课本在评述这两次论战中通篇没有“比较”“对比”字样，但实际上谁能说这不是两种思潮的比较呢。总之，“历史比较研究法”的表现形式是多样的，认识它的多样有助于灵活地运用比较法。

其次，我们还应考察一下在历史教学中运用“历史比较研究法”的作用和意义。概括地说，在历史教学中运用此法能够深化人们对历史事物的认识，强化记忆，启迪智慧，培养比较能力。

关于深化对历史事物的认识。人类社会的发展有着共同的规律性，同时又具有多样性，千姿百态，丰富多彩。历史事物同一切事物一样都是相比较而存在，相斗争而发展的。而人们认识历史、学习历史、研究历史通常是由个体到全部，由特性到共性，再由共性到个性的过程。在教学中运用比较法既可以深化对共同规律性、共性的认识，又可以深化对多样性、特殊性的认识。例如，中国近代历史上，帝国主义强迫中国签订一系列的不平等条约中，《马关条约》对中国的危害很大，使得半殖民地化程度大大加深。如何理解“程度大大加深”？不通过比较，人们的理解是肤浅的、表面的。如果把《马关条约》与此前的《南京条约》《天津条约》及《北京条约》等从内容到危害进行比较，又与以后的《辛丑条约》进行比较，了解到中国“开始沦为”“进一步加深”“大大加深”以至“完全沦陷”半殖民地半封建社会的全过程，那么对《马关条约》这一具体历史事件特征的认识就会比以前深刻得多。并且，通过比较能够深化对同类历史事件整体性特征的认识。例如，对封建社会的农民起义、农民战争进行比较，主要有秦末农民战争、唐末农民战争、北宋王小波李顺起义、明末农民战争等，比较的内容有原因、简单经过、历史意义等，或者更多一些。通过比较，人们就会形成以下一些“整体性”特征的认识：①历次农民起义的直接原因、导火线是不同的；但根本原因是相同的，这就是地主阶级极其残酷的经济剥削和政治压迫。②每次起义的规模、口号不相同，各具特色；但各次起义又是农民反抗斗争发展过程中的阶段性表现，是整个链条中的一环。③每次起义的历史意义不同，但都推动了历史的发展，是历史发展的动力。同时又证明，农民仅仅依靠本阶级的力量不能赢得自身的解放。很明显，上述“整体性认识”反映了农民起义的规律，在认识过程中是质的飞跃，如果不进行比较，就无法形成这些规律性认识。

关于强化记忆。在学习历史知识过程中，记忆的重要性是不言而喻的，没有必要的记忆，“思考”“理解”就无法进行，因此师生总是采用各种方法同遗忘斗争，以达到强化记忆的目的，而比较法则是强化记忆的有效方法。首先，我们进行比较时，不可能也不需要对所有的细节都加以比较，只要从极为丰富的内容中选取若干要点，在表现形式上力求做到文字简练，排列整齐。如此便一目了然，极易记忆。其次，比较法解释了同类历史事件的共性和个性，解释了事物之间的联系，这就能够旁及一例，类推其他，收到举一反三之效，这就是理解记忆。而理解记忆是深刻的记忆，是比机械记忆更重要的记忆。再次，对历史事件进行比较的过程，又是人们对事物进行反复思考的过程。决定比较内容、提取比较项目，要反复研究；见诸文字正确表达，要再三斟酌；揭示实质时还要反复推敲，力求准确。如此看来，这就不是一两次的反复，而是多次反复。这样的反复，就达到了加强记忆的目的。时间证明，教师在阶段复习或期末复习时较多地使用比较法，颇受学生欢迎。他们一致认为，通过比较，想得深，记得牢，经久不忘。

关于培养能力。培养学生的能力应该是多方面的，比较能力也包含其中。比较能够启迪智慧，开阔视野，当人们对某一事件的分析难以深入的时候，对同类事件做一番比较研究，就会受到启发，颇有豁然开朗之感。比较能力又和分析综合运用的能力相交织，当我们着重进行个体特征比较时，实际上是进行分析工作，而当着重进行共性比较时，实际上又是在进行归纳、概括工作。虽然广大青年学生在日常生活中能够自发进行若干比较，有一定的比较能力，但在人类社会历史领域，运用科学“历史比较研究法”的能力还很差，因此在青年中宣传、普及“历史比较研究法”具有深远意义。

最后，还要指出在历史教学中运用“历史比较研究法”存在的若干问题。

问题之一即忽视了比较的具体历史条件。例如，有人把“郑和下西洋”与“哥伦布航行”比较，比较的项目有航行“时间”“规模”“动机”“后果”。比较的结论是：“郑和下西洋是世界航海史上的壮举，其意义远远超过哥伦布环球航行。”从比较内容上看，似乎无可非议，然而结论是不适当的，郑和下西洋固然是世界航海史上的壮举，但其意义并非远远“超过哥伦布环球航行”。因为这两件事情发生的具体历史条件不同，因而它的历史作用也不同。列宁曾经指出：“把各个国家的政治经济的发展情况加以比较，把各个国家的马克思主义纲领也加以比较，从马克思主义观点看来，具有极大的意义，因为各个现代国家的资本主义本性和它们的发展规律无疑是共同的。可是，这样的比较必须作得适当，这里有一个起码的条件，就是要弄清拿来作比较的各个国家的历史发展时期是否可以互相比较。”（《列宁选集》第2卷，第517页）

问题之二是有些人往往只作现象比较，而不作本质比较，甚至以现象比较代替本质比较。如有的教师讲到秦的“封建专制主义中央集权制度”时谈及秦始皇的中央政府设置“丞相”说：“什么叫丞相呢？丞相就和现在的国家总理一样，处理全国政事。”又如，讲“唐朝的长安城”时又提示学生：“唐朝都城长安和我们的首都北京差不多。”诚然，“丞相”和“总理”在某些职能上有相似之处，唐都长安和明代北京的建筑布局大体相同。但这些只是事物的现象方面，本质问题是“丞相”是“封建专制主义中央集权制”的官职，忠于皇帝，我们的总理是社会主义国家的领导职位，是为人民服务的公仆，二者有质的不同。同样，今天的首都从作用到建筑布局也是唐都长安无可比拟的。由此进一步分析，怎么会由现象进入本质比较呢？成败的关键取决于历史观是否正确。20世纪20年代著名思想家、史学家梁启超曾对中国“国体”和欧洲“国体”进行全面比较，这种比较也不无意义，但始终没有抓住问题的实质，没能找到近代中国之所以落后的根本原因。

问题之三是目前教学中所作的历史比较缺乏新角度。比如说，中国封建社会与西欧封建社会缺乏系统的比较，中、西文化的同、异缺乏比较，重大同类历史事件缺乏全面科学的比较，等等。学生没有一套可读的、可供比较的历史读物，教师没有必要的参考资料。虽然我们在教学工作中经常采用“历史比较研究法”，但多是点滴的、不系统的、自发的。近年来，随着这方面研究的逐步开展，在历史教学中开始引起反响，各种形式的比较多起来，我们认为进一步打开局面的关键在于打开新的角度。科学发现表明，那些在常人看来是风马牛不相及的事物，一旦从新的角度进行比较，就会获得新成果。我们历史教师也应勇于从新的角度进行历史比较，在实践中丰富发展“历史比较研究法”。

研究篇

附录篇

努力提高中学历史教学质量

——学习《中学历史教学大纲》

教育部制订的《全日制十年制学校中学历史教学大纲（试行草案）》（简称《中学历史教学大纲》或《大纲》）和根据《大纲》编写的中学历史教科书，已在全国普遍使用。这是粉碎“四人帮”以后，为使中学历史教学适应新形势需要而采取的一项重要措施。新《大纲》总结了中华人民共和国成立以来中学历史教学正反两方面的经验教训，特别是总结了和林彪、“四人帮”斗争的经验，提出了一套中学历史教学的原则、措施和方法，是现阶段中学历史教学的重要依据。当前，摆在我们中学历史教师面前的任务，就是认真学习新《大纲》，领会《大纲》的精神实质，在《大纲》指导下，努力提高教学质量，为实现四个现代化作出应有的贡献。

《大纲》共有六部分：一、教学目的和要求；二、处理教材内容的若干原则；三、教材的安排；四、教学中应注意的几个问题；五、中国历史教学内容；六、世界历史教学内容。在这里，《大纲》既明确提出了中学历史教学的目的、要求、原则和方法，又确定了教材的范围，交代了知识的深度和广度。下面谈谈自己对《大纲》的几点认识和学习体会。

第一，《大纲》明确提出了中学历史教学的目的任务。《大纲》指出，中学历史教学，要求学生掌握基本的历史知识，了解中国历史和世界历史的重要事件和历史人物，逐步培养学生树立阶级斗争、人民群众创造历史、历史按规律发展、经济基础决定上层建筑和上层建筑反作用等历史唯物主义的基本观点，运用历史唯物主义的基本观点观察问题和分析问题的能力，要求向学生进行社会发展规律教育、革命传统教育和国际主义教育，培养学生热爱共产党，热爱无产阶级革命领袖，热爱人民群众，热爱祖国的真挚感情，学习革命英雄的高贵品质，树立为社会主义、共产主义事业而奋斗的信心和决心。

这就是中学历史教学的双重任务。概括地说，一方面要求学生掌握基本的历史知识，培养学生树立历史唯物主义的基本观点以及运用这些观点的能力；另一方面，与此同时，进行政治思想教育，培养学生无产阶级感情，提高无产阶级觉悟。在这双重任务中，教育学生“掌握基本的历史知识，了解中国历史和世界历史的重要事件和历史人物”是先决条件、中心环节，是形成学生正确观点的基础和依据。马克思主义的活的灵魂就在于对具体问题作具体分析。中学历史教师只有通过对历史事件、历史人物进行历史的、全面的、辩证的分析，只有具体讲述历史发展过程，才能揭示历史的本质，引出其中固有的规律性，以形成学生的正确的政治观点，提高学生的无产阶级觉悟。这不仅不是忽视政治思想教育，而是把政治思想教育渗透到历史学习中去。只有这样的政治思想教育才是生动活泼的，有效的。如果不是这样，轻视历史基础知识教学，以空洞的说教代替具体讲述历史，那就不是历史课，不能完成历史教学任务。

在这个问题上，近十多年来，林彪、“四人帮”的干扰、破坏是极其严重的。起先，林彪提出所谓“突出政治”“政治可以冲击一切”，把业务与政治、基础知识与政治思想教育、“红”与“专”统统对立起来。反映在中学历史教学方面，历史教学的双重任务变成了单一任务，就是“突出”毫无实际内容的政治口号。在这种极“左”的反动思潮的影响下，历史教学质量普遍下降，有人甚至提出要以当前政治运动为主，建立新的系统。继林彪之后，“四人帮”又污蔑新中国成立以来的历史教学是修正主义的。他们挥舞板斧，砍掉了历史课，使中学历史教学面临绝境。“四人帮”为了达到篡党夺权的罪恶目的，以假乱真，伪造历史，散布许许多多反动的历史唯心主义观点，严重地腐蚀了青年一代的灵魂。在这种情况下，中学历史教师明确认识历史教学的双重任务，搞清双重任务的辩证统一关系，显得更为迫切，更加重要。这是正本清源、恢复历史本来面目的迫切需要，是肃清林彪、“四人帮”反革命修正主义路线流毒的迫切需要。因此，教师应该在讲述历史发展过程中，阐述历史唯物主义基本理论，同时开展对林彪、“四人帮”唯心史观的批判。通过正反两方面的教育，锻炼和提高学生运用历史唯物主义基本观点分析问题、解决问题的能力。

第二，《大纲》明确了历史教学的指导思想和基本要求。《大纲》指出，历史教材和历史教学，一定要以马克思列宁主义、毛泽东思想为指导，对历史作出正确的叙述和分析，做到革命性和科学性的统一，观点和材料的统一。简单地说，就是一个“指导”、两个“统一”。

什么是“以马克思列宁主义、毛泽东思想为指导”呢？党的十一届三中全会公报指出:“党中央在理论战线上的崇高任务，就是领导、教育全党和全国人民历史地、科学地认识毛泽东同志的伟大功绩，完整地、准确地掌握毛泽东思想的科学体系，把马列主义、毛泽东思想的普遍原理同社会主义现代化建设的具体实践结合起来，并在新的历史条件下加以发展。”这是全党在理论战线上的崇高任务，也是我们史学工作者的崇高任务。学习十一届三中全会公报精神，历史教学“以马克思列宁主义、毛泽东思想为指导”，应该是:（1）完整地、准确地掌握毛泽东思想的科学体系，学习、掌握马列主义、毛泽东思想的普遍原理，要把普遍原理和个别结论加以区别；不要把马列主义、毛泽东思想看作是一成不变的，不要拘泥于过去的一个观点、一个结论。（2）学习马列主义、毛泽东思想的普遍原理和四化建设的具体结合、在新的历史条件下的新发展。这就要求我们重新学习马列主义、毛泽东思想，学习党的各项方针政策，并把这一学习活动和自己的历史教学实践结合起来，坚持从实际出发，坚持实践是检验真理的唯一标准，解放思想，敢于提出新问题，解决新问题。只有这样，才真正体现了马列主义、毛泽东思想的指导作用。过去林彪、“四人帮”搞的那些“背语录”“贴标签”的形式主义做法，完全是反马列主义、毛泽东思想的，是对马列主义、毛泽东思想的丑化和践踏。对此，我们必须进一步开展批判，彻底肃清其流毒。

革命性和科学性的统一，观点和材料的统一，是社会科学各学科的共同特点。历史教学只有在马列主义、毛泽东思想指导下，对历史事件、历史人物、历史发展进行具体的叙述和分析，作出科学的评价，去揭示历史现象的本质及其客观规律，才能使学生受到历史唯物主义教育，帮助他们树立无产阶级世界观，真正做到革命性与科学性的统一。但是，这种历史发展的客观规律，又通过极其丰富多样的历史现象表现出来，因此，我们在教学中必须用具体的历史事实来说明它，做到观点和材料的统一。"四人帮"出于篡党夺权、复辟资本主义的需要妄图从历史上找寻根据，于是，他们就偷梁换柱、恣意歪曲、伪造历史，严重地破坏了历史科学革命性和科学性、观点和材料的统一。因此我们拨乱反正，就要在自己的工作中紧紧抓住历史科学革命性和科学性、观点和材料的统一这一基本观点，反对两种错误倾向，即既反对空发议论，不注意讲授历史知识的做法，也反对堆砌史料，没有理论观点的做法。

第三，《大纲》对中学历史教学中应注意的其他若干问题作了重要提示。归结起来，这些提示要求教师处理好以下几种关系。

处理好历史知识的系统性和相对独立性的关系。历史上发生的一切事件，都是和一定的时间、地点、条件相联系的。历史教学要根据历史条件，对历史事件和历史人物作具体分析，要注意历史事件的相互联系，注意时代先后和发展线索，讲明历史的来龙去脉，揭示历史的本来面目。要坚决克服前几年出现过的阉割历史、任意取舍的错误做法。但这并不排斥历史知识的相对独立性和历史发展的阶段性。教师可以根据历史知识的相对独立性和阶段性，在章、节或单元结束时，适当地联系现实斗争，联系学生思想状况，更好地发挥历史课的战斗作用。

处理好教师讲课和学生自学的关系。由于历史课课时有限，教师只能讲授教材里的主要内容，教材中的小字部分，可以在教师指导下，由学生自学。教师讲课与学生自学，是教学活动的两个方面，互相影响，互为补充，缺一不可。教师是矛盾的主要方面，应发挥主导作用，要在教材的"主要内容"上做工作，力求讲得深透一些。否则，不分主次，照本宣科，那就不会收到好的效果。学生自学也是很重要的，这不仅是为了复习、巩固、补充教师讲课的内容，而且还可以培养学生独立钻研和分析问题、解决问题的习惯和能力。对于学生自学，教师必须加强“指导”，事先有布置，事后有检查，切忌放任自流。

处理好讲清抽象概念和贯彻直观性原则的关系。教师既要讲清楚必要的历史概念术语、难懂的词，也要较多地运用历史地图、插图、历史幻灯片、历史影片等，以增强教学的直观性。这是由感性认识到理性认识、又由理性认识指导感性认识的互相渗透的认识过程。一些重要的历史概念，如奴隶和奴隶主、农民和地主、封建主义、资本主义等，是由大量的历史事实总结概括而来的，是事物的本质属性。历史教师必须讲清这些概念，不能因为抽象、难懂而简略带过。但这并不是说直观教具的使用是可有可无的。目前，我们使用直观教具不是太多，而是太少。历史地图、插图、历史幻灯片、历史影片是否充分利用了？古代、现代的有关文艺作品是否利用了？所有这些，都应该有所加强而不是削弱。应该看到，增强教学直观性，是学生生动活泼地学习所必需的，也是教师进行理论概括，讲清概念，突破重点、难点的重要条件。

处理好课堂教学和课外活动的关系。《大纲》指出，在条件许可的情况下，可以适当结合历史教学内容进行参观、访问、调查等活动（如参观历史博物馆，访问革命先辈，调查村史、厂史等）。这就把课外活动放到适当的位置上。历史教学应该以课堂教学为主，课外活动为辅。前几年，由于“四人帮”的干扰、破坏，学校的课堂教学被所谓“开门办学”所代替，实际上是只开门、不办学。近两年来，拨乱反正，情况大变，正常的教学秩序已经恢复，师生普遍重视了课堂教学，毫无疑义，这是完全正确的。同时，历史教师还应当本着“条件许可”“适当结合”的精神，有计划有目的地组织一些课外活动，这样做，有利于提高教学质量。

正确对待历史教材的广度、深度。《大纲》对中国历史和世界历史的教学内容都有“说明”和“内容要点”两项，这就规定了教材的广度和深度，历史教师必须以《大纲》为依据制订教学计划，安排教学进度，努力完成《大纲》所规定的任务。现在，师生搞好教学的积极性都很高，特别是改革高等学校招生制度以后，广大青少年的学习积极性更加高涨，他们希望多学一些，学好一些。我们教师一定要爱护学生的积极性，要在提高质量上下功夫、做工作，不要过多地追加补充教材，加重学生的负担，影响学生身心健康。

处理好教材和教法的关系。教师要重视历史教学方法的研究，要认真贯彻毛主席关于教学方法的指示，注意启发学生积极思考，反对注入式。要看到我们对历史教学法的研究还是薄弱环节，不仅没有这方面的专著，就是参考资料也极少，这和实现“四化”，提高教学质量的要求是很不适应的。现在，我们有了稳定的统一的《大纲》和教材，又有着广大师生日益高涨的工作和学习热情，开展教学方法的研究，已经突出地提到日程上。我们要总结过去的历史教学经验，更要从实际出发，解放思想，敢想、敢干，在教学实践中创出新鲜经验，尽快地把历史教学质量搞上去。

现在，全党工作的着重点转移到社会主义现代化建设上来，全党、全国人民同心同德搞四化，中学历史教学怎样适应新形势的要求，《大纲》是一个重要的武器。我们认真学习，全面贯彻《大纲》精神是当务之急。当然，还不能认为，现行《大纲》和教材是十全十美的。我们应在《大纲》精神指导下，坚持实践是检验真理的唯一标准，用创造性的劳动，在实践中充实和发展新《大纲》，使这个《大纲》更加丰富和完善。

（此文原载《安徽师大学报（哲学社会科学版）》1979年第1期）

中学历史教学的地位和任务的再研究

最近以来，中央领导同志在多次讲话中强调指出，要加强历史教育，特别是近代史教育。全党全国正在贯彻这些讲话的精神，历史教育（包括中学历史教育）逐渐为人们所重视。通过学习中央领导同志讲话精神，联系新时期的总路线，回顾中华人民共和国成立以来关于历史教育的几次大讨论，又鉴于人们目前对历史教育有这样那样的看法，深感有必要重提中学历史教育的地位和任务问题，并作初步研究。

对青年一代进行历史教育，是无产阶级革命家的一贯主张。早在1920年，新生的苏俄政权刚刚建立，革命导师列宁就亲自过问过中等专业技术学校的课程设置，在评注一份关于教育工作的提纲时，明确提出在这类学校里应该设“通史”“革命史”“1917年革命史”等历史课程。1934年5月，苏联布尔什维克党和政府还曾专门做出《关于苏联各学校教授本国历史的决定》，要求教师按照历史年代次序叙述历史事件，引导学生用马克思主义观点去理解历史。在我国民主革命战争时期，老一辈无产阶级革命家十分重视历史教育。毛泽东同志说：“学习我们的历史遗产，用马克思主义的方法给以批判的总结……从孔夫子到孙中山，我们应当给以总结，承继这一份珍贵的遗产。这对于指导当前的伟大的运动，是有重要的帮助的。”[①]在毛泽东思想的指引下，老解放区的干部教育和中小学校都设置了诸如《社会发展史》《中国现代史》等历史课程。

为什么要学习历史呢？从根本上说，学不学习历史，有或没有历史知识，关系着革命事业的成败，也关系着国家民族的兴衰。正如毛泽东所说：“指导一个伟大的革命运动的政党，如果没有革命理论，没有历史知识，没有对于实际运动的深刻的了解，要取得胜利是不可能的。”[②]现在，我们正在把马克思主义的普遍真理同我国的具体实践结合起来，走自己的道路，建设有中国特色的社会主义。在新的历史时期，加强中学历史教育更有其突出意义。

首先，是培养“人”的需要。今天的中学生就是明天的建设者，培养他们成为什么样的人关系着社会主义事业是否后继有人，关系着国家民族前途命运的百年大计。我们要培养有理想、有道德、有文化、有纪律的一代新人。而革命理想的培养要通过多种途径来完成，其中不可缺少的就是历史科学的教学活动。历史科学是关于人类社会发展的科学；历史科学是马克思主义的基础科学，只有学好这门科学才能通晓以至运用马克思列宁主义、毛泽东思想；历史科学也是关于人的科学，只有学好这门科学，才能懂得做一个革命者的道理。

其次，是建设“两个文明”的需要。加强历史教育，既是“两个文明”的重要内容，又是建设“两个文明”的动力。我们要建设社会主义文明，内容十分丰富，但许多内容都离不开历史。例如，我们不了解世界的过去和现在，又怎样去建设有中国特色的社会主义，我们不了解资本主义腐朽的精神生活，又怎能理解社会主义精神文明的伟大意义，这是问题的一方面。另一方面，加强历史教育，可以唤起广大人民群众，包括千千万万中学生的巨大爱国热情，这种爱国主义精神是建设“两个文明”的强大动力，依靠这个动力就能较快地实现四个现代化。

最后，是进一步肃清“左”倾流毒、抵制资产阶级思想侵蚀的需要。“文化大革命”十年内乱，历史科学研究和历史教学是重灾户，中学历史课被砍得精光，名实俱亡，何地位之有？这种对待本民族历史的虚无主义态度所带来的恶果，是有目共睹的。然而时至今日，我们还不能说已经彻底肃清了它的流毒。例如，当我们在自力更生的基础上实行对外开放政策的时候，在引进外国先进技术的时候，却刮起了崇拜资产阶级生活方式的歪风，更甚者一些有损于“国格”“人格”的事屡有发生，这虽是个别社会现象，但它毒化人们心灵的腐蚀作用不容忽视。如果视而不见，任其发展，我们又怎么能够建设有中国特色的社会主义。医治“崇洋”情绪和民族虚无主义的有效良药，就是加强历史教育；强烈的民族自尊心、自信心和自豪感，是鉴别、抵制资产阶级腐朽生活方式的锐利武器。

综上所述，可知中学历史教学不是“可有可无”“无关大局”的“副科”，而是“必不可少”“举足轻重”的必修科目；不是可以削弱，而是必须加强的学科。正如胡耀邦同志所说：“要在广大人民群众中，首先是干部和青年中，加强马克思列宁主义、毛泽东思想的教育，加强祖国历史特别是近代史教育，加强党的纲领、党的历史和党的革命传统的教育……”这些教育要联系当前的实际，采用生动活泼的形式，运用多种多样的手段进行。

地位和任务是同一问题的两个方面，地位决定任务，任务又表明地位。明确认识了历史教育的地位之后，还需要深入讨论中学历史教学的具体任务。

关于中学历史教学的具体任务，过去有过争论。20世纪50年代初期，部分史学工作者认为历史课主要是传授历史知识，重史料，轻理论，很少研究历史教材中的思想教育因素。为了纠正这种偏向，1958年左右，史学界出现了“以论带史”的口号，在中学历史教师中则有“历史课是政治课还是文化课”的讨论，那时人们普遍重视思想教育，有人甚至主张历史是政治课。应该说，这次讨论对于纠正轻理论、轻思想教育的倾向有积极作用，但片面地强调一面并且发展下去，就造成了后来的全面“左倾”，背离了“史论结合”的原则。

在1976年以后的一段时间内，各省使用自编教材，体例不一，重点不同，要求各异，在“史”和“论”的结合上无法统一认识。1979年教育部制订了《全日制十年制学校中学历史教学大纲（试行草案）》（以下简称《大纲》），1979年《大纲》对中学历史教学的双重任务作了具体规定。《大纲》对于统一历史教师的认识，提高历史教学质量起了一定作用。但从1979年到现在，四年过去了，四年的变化是巨大的，全国形势的发展，新的科研成果不断涌现，原来的十年制也在逐渐过渡为十二年制。因此，1979年《大纲》所提出的中学教学的具体任务显然是不适应的了，有些提法甚至是错误的。例如，《大纲》把中学历史教学所要进行的种种思想教育，归结为“以提高学生的阶级斗争、路线斗争和无产阶级专政下继续革命的觉悟”显然是不正确的，这反映了人们在指导思想上还没有和“继续革命”的理论决裂。

总结历史的经验，根据已经变化了的形势要求，本着“史论结合”“知识教育和思想教育统一”的原则，我们认为中学历史教学的具体任务应该包括如下内容。

一、关于思想教育方面

（1）进行共产主义的理想教育。共产主义理想教育，是政治思想教育的核心部分，也是历史教育总体的和最根本的课题。历史教学就是要揭示人类社会发展的具体规律，令人信服地证明社会主义和共产主义制度的合理性。共产主义社会是人类最美好的社会，共产主义理想是人类最崇高的理想。这一提法与过去人们常说的“进行社会发展规律教育”的不同之处在于更明确、更集中突出了理想教育，而不是一般地仅仅了解社会发展规律的一些知识。但是就现状而言，理想教育仍不够突出。

（2）进行“四项基本原则”的教育。坚持社会主义道路，坚持中国共产党的领导，坚持人民民主专政即无产阶级专政，坚持马列主义、毛泽东思想，这四项基本原则是全党团结的政治基础，也是社会主义现代化建设事业顺利进行的根本保证。四项基本原则是我党几十年来斗争经验的结晶，又是我国人民近百年来英勇斗争、流血牺牲所换来的历史总结。“四项基本原则”既是中学历史教学的指导思想，又是中国和世界近代史教学中最丰富、最生动的内容。

（3）进行爱国主义和国际主义教育。什么是爱国主义？“爱国主义就是千百年来巩固起来的对自己祖国的一种最深厚的感情。”[③]我国是著名的世界文明古国，历史悠久，富于革命传统和优秀文化遗产。中华民族是勤劳勇敢的民族，对人类历史的发展和科学文化的进步作出过重要贡献。一部中国历史本身就是爱国主义教育的极好教材，进行爱国主义教育是历史教学的传统课题。在教学中，要培养学生强烈的民族自尊心、自信心和自豪感，培养学生热爱祖国的崇高感情和为祖国献身的大无畏精神。这里强调指出，我们的爱国主义，是社会主义的爱国主义，是和国际主义相结合的爱国主义。在今天，爱国主义的落脚点就是热爱党、热爱社会主义制度，以振兴中华、实现四化为己任。同时，应把爱国主义同国际主义相结合，为世界人民联合起来共同反霸的斗争服务。因此，我们说爱国主义教育虽是历史教学的传统课题，但又常讲常新，经久不衰。

（4）进行革命传统教育。中华民族有反抗外来压迫的光荣传统，有千百个民族英雄。所有这些，均为后世所继承、所传颂。鸦片战争以来，先进的中国人为了反抗外国侵略者，为了国家的繁荣富强，前赴后继，英勇斗争，可歌可泣，彪炳史册。中国共产党成立后，在党的领导下，一代无产阶级革命家继承和发扬了中华民族的革命传统，并把这些传统升华到一个全新的境界，就是毫不利己、专门利人、全心全意为人民服务……老一辈无产阶级革命家的革命精神、思想工作作风是我们最宝贵的精神财富。教育青年一代继承这份财富应该是中学历史教学的重要任务。

二、关于基础知识教育方面

总的提法是：要大力加强基础知识教学。但什么是“基础知识”？人们的理解各不相同，大体上有四种看法：（1）《大纲》规定的知识的“量”和“质”的规范就是基础知识；（2）中学历史教材本身都是基础知识；（3）教学中的重点、难点是基础知识，次点、易点则是非基础知识；（4）历史教材中的时间、地点、人物、事件是基础知识，其他是非基础知识。

上述四种说法各有其正确方面，但都不十分确切。《大纲》本身只是纲要或详细提纲，它不是具体内容，教师根据大纲，可以讲多一些，也可以讲少一些，伸缩性极大，以此作为判断基础知识的唯一标准，显得过于笼统而不易把握。那么，能否认为中学历史教材本身都是基础知识呢？也不可以。因为历史教材中有一些知识是学生已知的常识部分，甚至是语文常识或政治常识，这部分知识不应列为中学历史基础知识。教学中的重点、难点是基础知识部分，这是无疑的。但不能说基础知识就是重点、难点，基础知识的内容要比重点、难点丰富得多，更何况重点、难点的确定又常常因教育对象接受能力不同而有所区别呢？当然，把基础知识仅仅理解为时间、地点、人物，排斥了历史概念和历史规律，也是不恰当的。

那么，什么是基础知识呢？回答这个问题，既要依据教学大纲和教科书（不能只看其中任务一项），又要研究小学、中学、大学历史课的知识系列，从二者的结合上寻求中学历史基础知识规范。由此可以得出结论，中学历史基础知识是教学大纲和教材所规定的主体部分知识（应包括基本历史史实、基本历史概念和基本历史规律），这部分知识既不同于小学阶段的历史常识，又有别于专门的高深知识，但是是为升入高等学校奠定基础系统的知识，是基础知识。基础知识的特点是典型、系统、全面，支离破碎的点滴知识算不得基础知识。

（1）基本历史史实。所谓基本历史史实，应包括重要的时间和地点，重要的历史人物及其活动，重要的历史事件及其经过，社会的政治、经济、文化科学状况，以及典章制度，等等。传授历史史实是中学历史教学的重要任务之一，是完成思想教育任务的先决条件。“史论结合”就是以史实为依据，为前提；没有前提条件，任何架空分析注定是要失败的，过去的教训应记取。

我们要加强历史教育，应包括基本历史史实教育。从现状看，这方面存在的主要问题：一是史实不清，二是掌握史实数量甚少。因此，学生对历史具体进程似知非知。当务之急，是教师要讲清史实，要使学生掌握足够数量的史实，坚决消除部分学生的“史盲”状态，这是加强历史教育所必需的。这里强调史实重要，绝不是忽视理论指导。事实上，只有在马列主义、毛泽东思想的立场、观点、方法的指导下，才能科学地对待史实，分析史实，讲清史实。

（2）基本历史概念。基本历史概念是史实的科学抽象与概括，上承史实，下联规律，是进行思想教育和基础知识教育的中间一环，是不容忽视的一环。教学大纲没有明确地把历史概念教学列为任务之一，似欠妥当。从现状看，中学生在基本历史概念方面的混乱情况，实在令人吃惊。诸如“封建社会”与“半殖民半封建社会”分不清，“资产阶级”与“地主阶级”分不清，“资本主义”与“帝国主义”分不清等，此例甚多，不胜枚举。难以想象，一个连基本历史概念都模糊不清的人，如何正确地表达自己的思想，又如何接受教育。加强历史概念教学，既要研究概念的形成、分类，又要通盘计划，步步深入，也要防止概念化倾向。

（3）基本历史规律。进行基本历史规律教育，培养学生树立历史唯物主义的基本观点是历史教学的中心任务。这一任务具有双重品格，就培养学生树立正确的世界观、人生观，学会运用正确的立场、观点、方法观察问题、解决问题而言，应属于思想教育范畴；就历史学科本身而言，它是本学科的内在规律、基本理论，是本学科的基本功，又是基础知识教育的一部分。在历史教学过程中，基本历史规律既是指导思想，又是教学活动的归宿。也就是说，我们要在历史唯物主义一般原理的指导下，揭示中国和世界历史的具体规律，以培养学生树立正确的观点。

（4）关于培养运用能力问题。中学历史教学应培养学生具有什么样的能力？如何培养？这是近年来人们讨论最多、最关心的课题。过去的通常提法是：培养学生“运用历史唯物主义的基本观点观察问题和分析问题的能力”。自从人才问题和“人才学”突出提出以后，人们不满足于上述提法，感到过于笼统，缺乏具体指导意义，于是提出种种看法。如发展智力是历史教学的具体任务之一，智力包括观察力、注意力、记忆力、想象力、理解力和各种思维能力。又如，“我们教学的重点，必须以传授现成知识为主转移到以培养智力为主。”上述新看法值得研究。发展学生的智力（包括各种思维能力），是各科教学的共同任务，不单单是历史教学的任务，也是小学、中学、乃至大学的任务，这里只有共性，而没有个性。我们中学历史教学培养学生能力、发展智力的具体任务应包括思想、政治和工作三个方面的能力，具体提法是：提高运用历史唯物主义的基本观点初步分析历史问题和说明（包括文字和口语）历史问题的能力和以“三热爱”为准则，区别好坏，分清是非的政治鉴别能力。应该说，能力的培养和现成知识的传授并不矛盾，在“知识爆炸”的时代，学生如果想要具有更渊博的知识，不断更新知识，而不是完全不要现成的知识，就只能够在吸收前人成果的过程中，不断增长才干，提高能力。而离开知识（包括现成的书本知识）进行传授，能力培养就会成为一句空话。

注释：

①《毛泽东选集》，第499页。

②《毛泽东选集》，第498页。

③《列宁全集》第28卷，第168—169页。

（此文原载人教社《中小学历史教学法论文集》）

深入钻研教材，提高中国近代史教学质量

现在，全党、全国工作的着重点已经转移到社会主义现代化建设上来，中学历史教师必须适应工作着重点转移的需要，努力提高历史教学质量。提高教学质量，有很多工作要做，如深入钻研教材，改进教学方法，提高师资水平，等等。本学期的后段时间，各中学历史课将普遍开始讲授中国近代史部分课程。这里，仅就如何钻研近代史教材问题谈一点很不成熟的看法，供同志们参考。

深入钻研教材，首先要端正对教材的看法，摆正教材位置。放在我们面前的近代史教学用书是很多的，其中有《全日制十年制学校中学历史教学大纲（试行草案）》（以下简称《大纲》）以及根据《大纲》编写的教材，人民出版社出版的教学参考书和极为丰富的近代史专著以及报刊发表的近代史论文。所有这些，历史教师都应该加以学习。但在教学中教师要搞清这些教学用书的关系。《大纲》是指导书，总结了中华人民共和国成立以后历史教学正反两方面的经验教训，特别是总结了和“四人帮”斗争的经验，系统地提出了中学历史教学的目的、任务、原则、方法，规定了历史教科书的深度、广度，是现阶段历史教学的正确规范。钻研教材，首先应学习《大纲》，掌握《大纲》的精神实质，在《大纲》指导下从事教学活动。但《大纲》不能代替教科书，根据《大纲》编写的教科书才是教学的依据。钻研教材，主要是指钻研教科书。看起来，问题是清楚的。但是在实际备课活动中常常出现两种偏向：一种看法认为教科书简单明了，尤其是近代史，学生一看就懂，没什么可讲的，于是离开教科书，另找很多资料补充教材；另一种看法认为教材内容偏多偏重，在有限的时间内讲不完，于是对教材大杀大砍，任意舍去。这两种看法都没有摆

正教科书的位置。在教学中，教科书是有权威的法定教材，除根据教育管理部门通知可以改动外，教师不能任意增减教材的主要内容。教师的任务在于深入理解教材，灵活运用教材，把教材内容有效地传授给学生。在钻研教材中，参考资料的使用也是很重要的。没有参考资料，想要深入理解教材就会有一定的困难。教师应有较丰富的历史知识，尽多地掌握最新研究成果。但也要注意在讲课中不宜补充太多参考资料，以免加重学生负担。

深入钻研近代史教科书，要努力做到掌握“三性”（科学性、系统性、思想性），突出“一点”（重点）。

首先，谈掌握近代史教材的科学性问题。科学性，就是指史实要真实可靠，名词、术语、历史概念要准确明晰，要从历史现象中找出本质，要揭示历史发展的规律。例如，学生在近代史学习中，会接触到过去没有学过的许多重要概念，如资本主义和帝国主义、商品输出和资本输出、自然经济和商品经济、半殖民地半封建社会、买办资产阶级和民族资产阶级、资产阶级改良派和资产阶级革命派、资产阶级民主革命等，学生极易相互混淆，模糊不清。这就是科学性问题。只有教师讲清这些概念的准确含义，才能使学生清楚明白。再如，我们讲授中国近代史，就是要通过对近代历史事件、历史人物的具体分析，揭示近代社会发展的具体规律，说明中国是怎样由一个独立的领土主权完整的国家一步一步沦为半殖民地半封建社会的，中国人民又是怎么一次又一次地进行反帝反封建斗争的，有哪些经验教训等。就教材的每一章节来说，也都反映了重大历史事件的规律性。太平天国运动有它发生、发展、失败的必然性，辛亥革命又有它的具体规律。教师要充分研究这些规律，用近代历史发展的规律去武装学生。

其次，谈掌握教材的系统性问题。历史学科的科学性，通过教材的系统性表现出来。近代历史上的一切事件，都和一定的时间、地点、条件相联系，包括时代的先后、发展线索和来龙去脉。这种历史事件的相互联系，反映在教材编排上，就是教材的系统性。这里有两种情况，一种是表示时间先后顺序的纵的系统性。例如，“太平天国运动”既和过去的鸦片战争有关系，又和后来的洋务运动、半殖民地半封建社会的加深有联系，只有讲清这些关系，才能看出太平天国运动的历史地位。如果从近代史的全过程看问题，那么太平天国运动又可以和义和团运动、辛亥革命单独组成新的系统。历史课的复习活动就应该利用这种系统性来组织教学。另一种是表示空间、范围的横的系统性。仍以太平天国运动为例，当时同时存在农民、帝国主义和清政府三种社会力量之间的较量，这三种社会力量互相影响、互相制约，决定着太平天国运动的发生、发展和失败，所以，研究教材横的系统性，也是非常重要的。

再次，谈掌握近代史教材的思想性问题。所谓思想性，就是阶级性、党性。历史科学是革命性和科学性的统一，观点和教材的统一。我们反对空发评论，不注意讲授历史知识的做法；也反对只堆砌史料，没有理论观点的做法。教师强调在讲授历史知识的过程中应体现政治思想教育，但这绝不是说历史教学可以脱离实际搞千篇一律的自然而然的“渗透”。教师要从实现四个现代化的需要出发，从学生的具体思想状况出发，充分挖掘教材的思想性，自觉地运用教材的思想性，用材料说明观点。例如，在中国近代史上，沙皇俄国一次又一次极其残酷地屠杀我边民，强占我领土，这个史实本身就是我们进行反霸斗争教育和爱国主义教育的极好教材。教师在教学过程中，就要充分利用这类教材，恰当地联系实际，用以教育学生。还要看到教材的思想性是通过教材语言表现出来的。因此，研究教材语言的感情色彩，能使教师更好地掌握教材的思想性。爱憎分明的思想情感表现在什么地方？表现程度怎样？思想感情的发展、变化又怎样？教师只有把教材的这些思想感情化为自己的血肉，然后才能通过讲述，达到教育学生、培养学生无产阶级思想感情的目的。

最后，谈突出重点问题。教师研究近代史教材，切不可平均使用力量。教师总不能把全部近代史材料一字不丢地背诵下来，即使背诵下来而重点不突出也是没有意义的，只有抓住重点才能带动全局。什么是近代史材料中的重点呢？一般来说，在近代史发展过程中，那些有决定意义的、有重大影响的历史事件和历史人物都是重点。要抓出重点，就得比较，要把同类的、相关联的历史事件、历史人物进行比较，在比较中分清主次。例如，在鸦片战争中签订了许多不平等条约，其中有《中英南京条约》及其《附件》，还有《中美望厦条约》《中法黄埔条约》，对比之下，应以《中英南京条约》及其《附件》为重点。又如，研究太平天国运动的经过，重大战役固然很多，但作一番比较之后，就可以发现应以“金田起义”“定都南京”和“天京陷落”为重点。重点确定之后应有不同的处理。重点部分，可以适当作些补充；非重点部分，则应简明扼要，不能搞繁琐哲学。

总之，教材的科学性是基础，教材的系统性是科学的组织形式，思想性和科学性是辩证的统一，科学性、系统性、思想性统一于教材之中。因此，要掌握“三性”“一点”只能从教材入手，从教材的语言、章、节层次入手，反复阅读材料，深入研究教材。当然，在阅读教材的过程中，还要学习《大纲》，参看较多的补充资料。经过这样由此及彼的研究、探讨，达到深入理解、融会贯通的程度，这样提高近代史教学质量才能有可靠的保证。

（此文原载《安师大函授教学》1979 年第 1 期）

历史教学与培养学生创造能力

人的创造能力有其天然的智力素质，但更多的是培养教育和实践锻炼的过程，这一过程一般认为包含四个阶段：启蒙阶段（学前阶段）、基础阶段（中、小学阶段）、专业化阶段（大学和研究生阶段）、创造性阶段（在实践中创新阶段）。一些科学家断言，“创造型”人才的最佳年龄段是30岁到40岁，当然这里并不排斥青少年时期或老年时期的创造性活动。美国心理学家就此问题做专门研究指出：“虽然创造性活动的最盛时期是30岁到40岁的中年人，而在政治、经济及学术界中的重要人物仍以60岁到70岁的老年人居多。”这里，我们不去研究每一阶段的具体特征，而仅就其中“基础阶段”的种种情况作一番分析。

有人怀疑、甚至不承认青少年时代有创造能力，这是没有根据的。苏联教育学家苏霍姆林斯基指出：“任何人，生来就有一颗能生长出个人爱好和能力的茁壮幼芽的种子。这种幼芽早在少年初期就会顽强地破土而出”。托尔斯泰也说：“如果学生在学校学习的结果，使自己什么也不会创造，那他的一生将永远是模仿和抄袭。”据调查，中国科学技术大学少年班大学生在独立性、富于幻想、创造欲等方面特别强，超过同龄青少年。事实证明，青少年在校学习期间能够有所创造。

这里涉及对“创造”的理解。“创造”有狭义和广义之分。对社会有意义、有价值的创新、首创是狭义的创造，是高层次的创造，也是难度大的创造。例如，社会活动家提出的新思想、新观点，科学家提出的新的科学理论，发明家的新发明，艺术家的新型艺术作品等。而那些对社会虽然没有直接作用但对本人来说是新颖的、前所未有的创新活动是广义的创造，是低层次的创造，低层次创造人皆有之。狭义创造和广义创造二者是相通的，本质都是除旧立新，低层次创造到高层次创造是演进、提高的过程。

中、小学阶段的创造性活动更多的属于广义创造，这种创造性主要表现是：

（1）形成创造意识和创造愿望。中学生甚至小学生已经形成“使自己成为一个发现者、研究者和探索者的希望和需要”（苏霍姆林斯基语）。当陈景润听老师讲到“数学皇冠上的明珠——哥德巴赫猜想”，“二百多年来没人突破”时，产生了强烈的创造愿望，决心要去摘这颗“皇冠上的明珠”。

（2）学习、掌握、积累知识的方式方法有创造性。经过调查，我们发现，广大中学生虽然所学科目相同、进度相同，但方式方法各不相同。有的思维敏捷反应快，既能按常规、运用原理原则思考问题，又能运用“逆定理”进行反证，做到“一题多解”；有的能够“质疑”，爱提问题，勇于回答问题；有的虽然学习能力相对较差，但及时完成作业，态度认真，一丝不苟，有他独特的学习方法。如果把高中和初中阶段进行比较，每个学生都会感到学习方式方法有极大不同，都有自己的新经验、新体会。

（3）面对五彩缤纷的多门学科逐渐形成“中心兴趣”和爱好。学生在中学阶段接触多门科学的基础知识，对每一个科学的奥妙都有所追求、试图探索一番，逐渐地形成“中心兴趣”。而“中心兴趣”恰恰是创造的动力。法国著名昆虫学家法布尔说：“兴趣能把精力集中到一点，其力量好比炸药，立即可以把障碍物炸得干干净净”。

（4）由被动控制向自我控制过渡。青少年在学习中自发性较大，创造灵感来得快，消失得也快。因此在一定程度上需要被动控制，需要教师发挥组织、指导、监督作用。随着知识和年龄的增长，中心兴趣的形成，青少年则由较大程度的被动控制逐步向自我控制过渡。自我控制能力的增长意味着创造能力的增长，因为学习自觉性提高了，自学能力、独立思考能力、创新能力必将随之而提高。

以上我们考查了富有创造能力的人的一般特点，尤其考查了中小学生的创造能力。现在需要把这种考查与中学历史教学结合起来，研究在历史教学中如何培养创造型人才。

“中学历史教学培养富有创造能力的人才”，应有两层含义。其一，历史教学为培养造就各行各业富有创造能力的人才作出自己的贡献；其二，为培养、造就历史学科富有创造能力的人才作准备。二者有共性，但又有不同。我以为历史教学培养造就富有创造能力的人才的主要途径是：

（1）通过揭示人类社会发展的具体规律，端正创造方向，增进创造信心。目前历史教学泛泛讲述历史发展的“规律性”而不讲或少讲人的创造精神的做法是不全面的。列宁曾经指出：“马克思观察世界历史，是从正在创造历史，但无法事先绝对准确地估计胜利机会的那些人们的观点出发的。”①列宁曾把有没有“新创造”作为评价历史人物的重要标准，他说：“判断历史的功绩，不是根据历史活动家没有提供现代所要求的东西，而是根据他们比他们的前辈提供了新的东西。”②我们学习历史，应该服务于“正在创造历史”，应该是为了比前辈提供更多的“新的东西”。如果不是这样，所谓“规律”就变成了教条，就会变成束缚人们创造精神的桎梏。

（2）借取历史上的创新的经验教训，启迪学生创造智慧，培养学生创造能力。历史上的创新的经验十分丰富，如历史上的历次政治的、经济的、社会的改革运动，科学技术方面的新发明、新创造，文化思想方面的新理论、新观点等。学生仅仅知道这些新成就是远远不够的，还要了解历史人物的创新过程，教师应依据史料向学生提供丰富的想象意境或者发人深思的问题，引导学生自觉地去想象和去探讨历史人物何以会有这样那样的新发明、新创造，历史人物的创造灵感在哪里，经过一番思索，学生会受到启发。成功经验固然有益，失败教训也发人醒悟。

（3）改革历史教学的内容、方式、方法，使学生有充分发挥创造才能的广阔天地并经受实际锻炼。当今知识增长的特点是“知识爆炸”，人类的新知识迅速增长，相应地，知识的陈旧率也在增长。在这种情况下，历史教学内容显得极不协调，“老一套”的问题严重存在。教师应该把国内外历史研究的新成就、新知识、新信息及时纳入教学计划和教学内容中来。在方式和方法上，目前普遍存在的单一式课堂教学也要逐步转变课内与课外“两个课堂”并举。以教师的“讲”为主的方法，必须转变为以学生的“学”为主的方法，使学生在课内课外有更多的机会广泛地同时又是主动地获取新知识、新信息。应该看到，这是培养学生创造能力的肥沃土壤，有了这样的土壤，学生的创造灵感将会进一步迸发出来。例如上海格致中学，各科教学（包括历史科在内）广辟信息窗口，像“历史之窗”等，启发学生思路，增加学生信息量。在教学方式上，课内和课外并进，建立各科学小组，开辟各种活动领域。在方法上不搞一个模式，教学不拘一格，百花齐放。因而学生的创造力得以充分发挥，在各级各学科的比赛中，成绩极为突出。

（4）历史教师要及时捕捉学生学习历史过程中常常迸发出的创造灵感，予以支持、鼓励，激发学生更强烈的创造热情。这种灵感的出现时而在课堂上，时而在课外，时而表现在文字叙述之中，又时而表现在口语上，无固定时间、无固定方式。例如，有个学生从“林则徐严禁鸦片”突然想到“精神鸦片”，由此联想许多。又如某教师讲到“西安事变”时，让学生分析事变发生后的形势，各自提出对策。一时间众说纷纭，各种意见摆了出来，有些分析很中肯。有位教师指导复习时，指定时间、地点、事件范围，要求学生根据自己经验编制复习年表，结果学生自编年表各有特色，超出教师的预料，使教师惊喜异常。教师及时表彰了学生的创新精神，使学生深受鼓舞。很可惜，有不少教师不那么重视学生的创造灵感，视而不见，听而不闻，实质上是给学生泼了一盆冷水，自觉或不自觉地扼杀了学生的创造精神。

（5）尊重学生的中心兴趣和爱好，培养历史学科的“尖子”学生，为他们提供施展创造才能的特殊条件。中等教育是基础教育，作为普遍性要求，每个学生应该学好各门课程，偏重某一科，放松其他学科的“偏科”做法不利于学生的全面发展，难以适应今后形势发展需要。

但也要看到，学生在学习中必然会形成中心兴趣和爱好，具有某一方面的特殊才能，这一中心兴趣和爱好常常决定一个人的终生创造模式。历史教师要十分珍惜对历史饶有兴趣的爱好者，要着力培养他们，为他们提供条件，使他们在历史学科方面的创造才能得以充分发挥。

综上所述，不难看出中学历史教学可以而且应该至少从上述五个方面为培养富有创造才能的人才作出自己的贡献。问题是某些陈旧观念至今还在束缚我们的手脚，因此需要重新估量某些观念的价值，需要再认识。例如，历史教学方法论中的若干原理、原则、程式，目前有些仍然适用，有些不完全适用，有些则束缚了师生的手脚。像“五大环节”说曾经是人们公认的评定课堂教学好坏的准则，现在已变成僵硬的公式。如果再套用这一公式，必将后患无穷，使学生养成形式主义看问题的方法。其次是需要重新认识学生的创造能力。每每和历史教师谈及学生的创造能力，许多人不以为然地摇摇头。在他们看来，对中学生谈创造性是“奢望”、是“过高要求”，这种看法是不对的。如何认识创造能力特别是中学生的创造能力，已如前述。实际上，许多调查结果表明，学生不时迸发创造灵感，只是教师没能抓住而让它自生自灭了。再次是要重新确定评价历史课质量高低的标准。在人们的心目中，评价一堂历史课质量高低的标准是，是否体现了科学性和思想性的统一，是否贯彻了这样那样的原则等，唯独没有“创造性”这一条。我以为，现在看来，衡量历史教学质量高低的标准，除科学性、思想性而外，还要看是否有新知识、新信息、新方法以及培养学生创造能力方面的新效果，只有增加这一条标准才能调动起教师创新的积极性。总之，中学历史教学培养富有创造能力的人才，既是内容、方法、方式上的革新，也是人们认识上的革新，只有对传统观念进行再认识，才会进一步打开历史教学的新局面。

注释

①《列宁选集》第1卷，第690—691页。

②《列宁选集》第2卷，第150页。

（此文原载《阜阳师范学院报（社会科学版）》1985年第1期）

中学历史课堂教学类型研究

提高历史教学的质量，不能不研究课堂教学的类型。目前在国内，关于历史课课堂类型问题，已有四种不同说法。一，四类型说：导言课、讲授新知识课、复习课、综合课；二，五类型说：导言课、讲授新知识课、综合课、复习课和考查课；三，六类型说：自学课、启发课、复习课、作业课、改错课、小结课；四，九类型说：引言课、讲述课、讲述讲解课、综合课、复习课、辅导课、练习课、参观课、电化教学课。

上述“四说”，具体内容各不相同，归纳起来，反映两种不同的划分课堂类型标准：一是以历史教师传授知识方式为主划分课型，四、五、九类型说属于此类；二是以学生认识过程的阶段性为主划分为课型，六类型说属于此类。此说颇具新意，其独到之处，在于试图从根本上扭转以教师授课为中心的传统做法。

我们认为，鉴于近年来教学实践，现阶段主要课堂类型应以四种为宜，这四种类型是预习课、综合课、复习课、考查和考试课。乍一看来，我们的分类与上述诸说大体相同，其实不然，我们对问题的提法及对各类型具体内容的理解与上述诸说是大不相同的。兹将各类型分别说明如下。

预习课不同于导言课。人们通常认为，每一学年，每一学期乃至每一阶段开始时要有一节“导言课”，主要内容是教师交代学习目的、学习态度和学习方法，这不同于平时讲课，因此，应单独作为一种课型看待。我们认为，这种“导言课”，空话多，作用不大。我们主张设预习课，或者叫单元预习课。以《中国历史》第一册为例，可以划分四个单元，即：原始社会、奴隶社会、封建社会的形成和初步发展、封建国家的分裂和民族大融合。再以《中国历史》第三册为例，同样也可以划分为四个单元，即：鸦片战争与太平天国运动、中国资本主义的产生与甲午中日战争、戊戌变法与义和团运动、辛亥革命。教师应在每一单元进行新课之前，组织一至两节预习课。预习课的要求，对教师而言，应提出学习本单元的目的和方法，提示教科书内容要点，组织阅读本单元内容，及时收集和整理学生的疑难问题，个别性的问题及时解决，带有普遍性和全局性的问题，可暂不作答。对学生而言，应着重培养自己的阅读能力、独立思考能力，在通览教材的基础上，初步掌握本单元的重大历史事件和历史人物，为下一步深入学习课本做好准备。

综合课是最为常见的课型，但人们对综合课的理解则各不相同。例如，有的说“在一节课中要完成两项以上教学任务的课叫综合课”，又有的说“综合课是指在一节课内包括了教学过程的所有环节”。上述说法的不足之处在于只着眼于教师完成“教学任务”的多少，这显然没有道及问题的关键。我们认为，综合课既是教师综合运用多种教学手段传授新知识的课，也是学生看、听、想、用多种能力得到综合提高的课。其中包括旧知识与新知识的综合、新学与巩固的综合、学与练的综合等，使学生获得新知识是综合课的中心一环。综合课可以分为复习旧知识导入新课、进行新课、巩固新课、布置作业等步骤。这里举一例说明。有的教师讲过“秦的统一”之后，用转折连词“但是”一词导入新课“秦的暴政”。“但是”一词恰到好处，使新知与旧知紧相呼应。仅此还不够，还应该使学生懂得“秦的统一”和“秦的暴政”是“秦”的两重性，是对立统一，“但是”一词用得所以极妙，就在于揭示了这种即统一又对立的关系。这样教育学生不仅会使他们逐渐懂得运用辩证法的观点和方法观察问题，而且有利于知识的巩固。

关于复习课。前面提及各说对复习课往往只着眼于阶段复习、期中复习和期末复习。现在看来，复习课除包括上述内容外，尤其应该有中考、高考复习。随着一年一度中考、高考的到来，广大考生为迎接考试，中考和高考复习愈来愈成为一种重要的学习方式。实践证明，通过复习课，学生不仅牢固地掌握了比较系统的基础知识，而且在更高的程度上理解和掌握了历史发展规律，培养了多种能力。因此，复习课不能由其他类型的课所代替。如何上好复习课呢？对教师而言，要通盘研究，制订阶段性的复习计划，向学生提出复习要求；要把复习提纲交给学生，提纲应立足全局、突出重点；应概括地讲述课文，更多地传授治学方法，还应有一定量的作业和复习小结。对学生而言，上好复习课并不意味着只需要简单地“死记硬背”，更为重要的是比较系统地掌握记忆方法和理解方法，发挥主动精神和学习自觉性。只有这样，才有可能取得良好的复习效果。

关于考查、考试课。在现有的诸课型论中，不少人没有谈及考查、考试课这一类型。其实这是无须隐讳的。抛开其他升学因素，考查、考试课不过是课堂教学的继续，是一种不同于综合课、复习课的独特的课堂教学形式。组织好考查、考试课也并不是件易事。例如，事先要说明考查、考试的范围和要求，但不能是“猜题押宝”，不能助长学生的投机取巧心理。要提出难易适度、答案明确的考查、考试题，那些偏题、怪题和模棱两可的试题只会造成混乱。要组织好学生认真回答试题（包括“口头”和“书面”两种形式）。教师对考查、考试结果要进行讲评，分析优、缺点，找出成功和失误原因。

综上所述，可以看出，我们所说的预习课、综合课、复习课、考查考试课四种类型与前面提及的种种类型说是颇为不同的，我们不同意把“参观课”当作“课堂教学”类型之一，因为参观活动不是“课堂教学”。研究课堂教学类型，目的在于指导历史教学实践，我们上述看法是否妥当，有赖于广大教师教学实践予以检验。

（此文原载《安徽史学》1984年第3期）

历史教学中的板书问题

板书是教师经常采用的重要教学手段，它（包括板图）之所以重要，首先在于它的直观性。我们知道，在人的认识过程中，感觉、印象是很重要的。列宁曾经说过："不经过感觉，我们就不知道实物的任何形式，也不能知道运动的任何形式。"（《列宁全集》第14卷，第319页）毛泽东同志把感性认识叫做认识过程的"第一步"。青少年认识问题尤其如此，他们接受新知识总是由具体到抽象，由形象思维发展到逻辑思维。板书作用于学生的视觉，以形成学生的印象。这些印象是比较牢固的、持久的，也是他们赖以进行联想、推理的依据。学习历史需要有明确的空间概念，而空间概念的形成往往可以借助于黑板地图就能完成。历史教学就其内容来说都是过去的事迹，它既不能像物理、化学那样，通过实验使其现象重现，又不像文学那样可以夸张渲染。但历史教师在口述的同时及时地辅之以必要的板书（包括板图），就能使历史由静态变成动态，使历史的发展变化展现在学生面前。有时板书看来似乎是无关紧要的一条横线、几个圈点，但运用得当，有助于学生记忆和理解。可见，板书是重要的，它可作为讲述的辅助手段，二者结合得好，能把学生的听觉、视觉同时调动起来，取得良好的教学效果。

其次，板书还可起提纲挈领、揭示重点的作用。板书的主要内容应该是教学内容的提纲，这正是学生所需要的。一般地说，绝大多数学生都有阅读历史教科书的能力。他们感到困难的是不会归纳提纲，找不准重点。没有提纲，难以统领全篇；没有重点，难以分清主次。所以，教师的教学应在"提纲"和"重点"上帮助学生掌握教材。只有讲述，没有板书，即使讲了多遍，也还会有些学生因种种原因而跟不上教师的步子。如果讲述的同时随有板书，提纲醒目，重点突出，学生又听又看，抬头可见，低头可记，耳闻目见，手脑并用，学生的思维活动经过了多次反复，获取的历史知识就会格外深刻，他们分析问题解决问题的能力也会有所提高。

怎样搞好板书呢？这里提出几方面的问题作初步探讨。

一、关于板书的计划性和灵活性

实践证明，任何一次成功的板书，都要经过周密设计、深思熟虑。成功的板书，来源于深入钻研教材和对学生实际水平的充分了解以及明确的教学目的。教学目的不同，教学内容不同，授课的年级不同，板书的内容和形式也应有所不同。例如分析课和复习课的板书就大相同。下面是一位教师讲“钟相、杨么起义”的板书（见初中《中国历史》第二册）。

钟相、杨么起义

原因：南宋统治者对外屈膝投降；对内加紧搜刮；败退官兵无恶不作。

经过：钟相在洞庭湖边酝酿起义；提出“等贵贱，均贫富”口号；1130年，建国号楚。

钟相被俘牺牲，杨么继续战斗。

失败：1135年，杨么被俘牺牲。

意义：（1）震撼了南宋统治。

（2）农民反封建水平提高一步。

另一位教师在上复习课时，则设计了另一种样式的板书：

宋、元农民起义比较

项　目	王小波、李顺起义	钟相、杨么起义	刘福通起义
起义时间			
原　因			
简单经过			
特　点			
历史意义			

我们看，这两种形式的板书，内容虽有相同之处，但由于教学目的不同，板书形式也有所不同。前者是讲新课，侧重于分析，比较完整；后者是单元复习课，有分析又有概括，着眼于突出重点。两种板书都有较强的计划性，适合于初中学生的实际水平。

强调板书的计划性，也不能忽视计划性的另一面即灵活性。在主要结构不变动的情况下，要随时准备作局部的变动，教师的板书计划并不一定时时处处都适合学生的需要，在教学实践中，随时改动、补充原定板书计划是常有的现象。在时间安排上，要留有余地。

二、板书内容的“详”和“略”问题

“详”和“略”是一个问题的两个方面，两者互相依存，互有联系。孤立地强调任何一面都是片面的。一堂课的板书应该是有“详”有“略”，“详”“略”适当。怎样做到这一点呢？笼统地说，就是板书一定要反映历史学科的特点——人物、事件、时间、地点，要突出重点、难点，要体现史和论的统一。“详”而不庞杂，“略”而不抽象。我觉得下面的课堂板书在详略关系上处理得比较好。

英国工业革命（高中《世界历史》上册，第七章）

1. 工业革命的前提和条件：

前提：资产阶级政权的确立。

条件：资本的积累——对印度和其他殖民地的掠夺。

奴隶贸易。

劳动力的涌现——圈地运动。

自耕农破产和无产阶级化。

生产技术和科学知识的积累。

2. 工业革命：（18世纪60年代开始）

纺织机器的发明。

蒸汽机的改良和使用。

3. 工业革命后果：

生产力的飞跃发展。

两个主要敌对阶级开始形成。无产阶级反对资产阶级的斗争。

整个板书反映了历史学科的特点：有时间，有事件（原因、经过、意义），有史实，有理论。

但有的板书不是这样。一种情况是过“详”，内容重复繁杂，分量多，学生得不到要领，影响教学效果。如有一位教师讲“北宋的建立”（《中国历史》第二册）时，板书：“960年。赵匡胤。陈桥兵变。黄袍加身。定都东京（今开封）。史称北宋。”从文字上看，这样的板书重复太多，不够简洁。“陈桥兵变”和“黄袍加身”是一回事；文题既是“北宋的建立”，“史称北宋”则是多余之笔，教师只需口头提一下就够了。如果只写“960年（时间）、赵匡胤（人物）、陈桥兵变（事件）、定都东京（地点）”，简明扼要，也能说明问题。还有一种情况是过于简略。有的教师只把教材的章、节标题往黑板上一抄就算完事，讲农民战争，总是那么几个字：原因、经过、意义；讲经济发展，也是那么几个字：农业、手工业、商业、城市。这样的板书开始时虽然还有点作用，但日久天长，不仅不能调动学生的积极性，而且容易影响学生形成以形式主义看问题的方法，这就背离了历史教学要史论统一的要求。就目前教学状况看，如果说过“详”、过“略”这两种情况都存在的话，那么，过“略”的倾向则是主要的。对此，我们应该予以重视。

三、正板书、副板书和小黑板的使用

在板书的编排形式上，可以是多种多样的。现在，很多教师都采用正副板书两种形式，有时还使用小黑板。

正板书常是讲课的提纲，概述一节课的主要内容。这个提纲应该有章、节标题和重点，应该基本按照教材内容的次序编排，以便于学生利用板书阅读教科书。教师通过正板书，向学生展示教材的内容；学生通过正板书，抓住重点，窥视全貌。在一般情况下，正板书不宜随写随擦，应让它留在黑板上的时间较长一些，以便学生反复学习，加深理解。

但是，正板书也有它的局限性。有些内容需要板书，但放在正板书内又不合适，而有些正板书的内容还需要加以充实或说明，这就需要有“副板书”来帮助教师解决教学内容中的一些具体问题，使教学重点更加突出，更易于为学生所掌握。例如，中国古代史教学中古汉

字的读音、写法，一条典故的准确解释，某些重要史实的补充说明，都可列入副板书。与正板书比较，副板书灵活、生动，可以随写随擦，避免分散学生的注意力。人们习惯于把正板书放在黑板左方，把副板书放在正板书的右侧。

在课堂教学中，常常使用小黑板，以补救大黑板的不足，这也是板书的组成部分。有些教师利用小黑板绘制简略历史地图，尤为学生所欢迎。这种板图，可以是国家疆域图、农民起义进军路线图、重大战役形势图、中外交通路线图，也可以是一些图表、画图等。这些板图与书中插图比较，有的虽然简单，但它直观、形象，更容易留给学生以深刻的印象。一位教师讲“三国鼎立”（《中国历史》第一册）时，利用小黑板补充绘制了一幅“三国形势略图”，图中标明“官渡之战”和“赤壁之战”的地理位置，同时用不同颜色的粉笔划出魏、蜀、吴各自的管辖范围，这样的板图，配合正、副板书，收到了很好的效果。

四、板书与讲述

板书如何配合讲述呢？人们的做法也各不相同。最常见的有三种方法，一种是先板书提纲，然后分析教材；第二种是边讲、边写，讲讲写写；第三种是先讲述，后板书。

所谓“先板书提纲，后分析教材”，是教师先将正板书（提纲）写在黑板上或用小黑板事先写好，上课后立即展示提纲，同时要求学生根据提纲阅读教材。在学生阅读教材一段时间之后，教师进行讲述、提问，并适当增加一些副板书。这种方法的主要优点是开门见山，学生一开始就大体上掌握了教材内容，经过教师的讲解，学生对教材的理解更加深入，也能够较好地培养学生独立思考问题的能力，还可以减轻教师的板书负担，集中更多的时间和精力用于口述。由于课前板书，时间充裕，板书会更加整洁、美观。这种方法一般多在复习课和高年级使用。它的缺点是没能循序渐进，部分学生接受起来可能感到困难。

边讲、边写，讲讲、写写，这是教师常用的板书方法。这种方法，由浅入深，由点到面，由片段到整体，一环扣一环，层层推理，结构严谨。课讲完了，一个完整的板书也出现了，水到渠成、合乎逻辑地引出了结论。在这个过程中，学生动手、动脑，视觉、听觉一齐活动，学生得到的知识既牢固又深刻，而且由于段和段之间联结紧密，总有新知识待讲待写，这就能够吸引全班学生的注意力，全面调动学生的积极性，便于师生共同努力完成教学任务。

第三种方法是先讲后写。全部讲完之后再去板书，讲和写完全脱节，这种方法在教学中比较少见。但在教学活动的全过程中，如果就某一个专门问题，例如农民战争的性质和意义，为了使问题集中叙述，不打断学生的思路，采用先讲述后板书的方法也是可行的、有益的。有些问题往往是在一堂课的结尾或几堂课的结尾，才能总结出来。这时，如果机械地边讲、边写，把结论部分提前板书，对于教学有时也不利。

在教学活动中，上述三种板书与口述相结合的方法很少单独使用，往往相互结合、交替使用。我们应该加以总结、研究，取其所长，更加自觉地使用恰当的板书方法。

最后还应指出，板书基本功也是很重要的。板书必须规范化，必须整洁、美观，这是教育学生、培养学生的重要因素。在这一方面，有一些教师还不够注意，粉笔字不工整，胡乱简化汉字，以至于写错字、别字，这是应当引起注意的。

（此文原载《历史教学》1980年第8期）

略论“历史概念”

近几年来参加高考阅卷工作，对答卷中反映的种种问题感受极深，其中之一就是“历史概念”方面的问题。为什么每年总有那么多考生历史概念不清、张冠李戴、前后矛盾？原因在哪里？需要认真研究。现在，人们正在探讨学生能力的培养和发展。其实，“能力”也不是抽象的东西，其中最基本的能力就是运用概念（和历史概念）这种思维形式思考问题的能力。一个学生如果连基本概念都掌握不了或者混乱，那么其他种种能力就无从谈起。有鉴于此，本文特对历史概念提出一些粗浅看法。

（1）翻开任何一册历史教材，人们立时就要接触一系列的、多种多样的概念和历史概念。如：阶级、国家、奴隶、奴隶主、农民、地主、无产阶级、资产阶级；政治、经济、文化、科学；革命、改良、改革、打击、瓦解、推翻；北京人、山顶洞人、氏族公社、大泽乡起义，焚书坑儒、王安石变法等。在众多的概念中，我认为应该区分历史概念和非历史概念。

什么叫“概念”？简言之，概念是事物的本质、全体和内部联系在人们头脑中的反映。以“国家”这一概念为例，“国家是维护一个阶级对另一个阶级的统治的机器”①。国家这一概念的外延极广，包括古今中外所有国家；内涵极狭，仅仅是指一个阶级对另一个阶级的政治统治的机器，这只是取国家的一种社会作用，而舍弃了国家的另外一些属性。因此，“国家”是“概念”，而不是“历史概念”。

与概念比较，历史概念与概念有相同之处，也有相异之点。作为概念的一种，历史概念应该反映历史现象的本质、全部和内部联系，这是相同的。但历史概念也应有自己本身的特点，这就是它的历史性质。换句话说，构成历史概念的基本要素应该包括时间、空间、本质和历史特质，这恰恰是一般的“概念”所不完全具备的。

为什么说时间、空间是历史概念的必要因素呢？因为从根本上来说，“世界上除了运动着的物质，什么也没有，而运动着的物质只有在空间和时间之内才能运动”②。历史事件、历史现象尤其如此，离开特定的时间、空间，历史现象就是无法理解的东西。既然如此，反映历史现象的历史概念怎么可以不具有时间、空间的因素呢？其次，所谓历史事物、历史现象的“本质”，就是指它的阶级性质和社会性质。当然，阶级性质也是十分复杂的，有剥削阶级和被剥削阶级的质的区分，也有统治阶级、剥削阶级内部和被剥削阶级内部各阶层之间的不同。所有这些，都是我们研究“历史概念”时不应忽视的。再次，什么是“历史特征”呢？简言之，历史特征是指历史现象、历史事件发生、发展及其作用的特殊性。只有本质而没有历史特征，也不是完整的历史概念。

以“巴黎和会”这一历史概念为例，“巴黎和会是第一次世界大战结束后，帝国主义国家的分赃会议。会议于1919年在法国巴黎召开，会上签订了《凡尔赛和约》”。巴黎和会是帝国主义国家的分赃会议，这是它的本质，也是帝国主义国家之间许多会议的共同属性。作为历史概念，只有那么一句话，则是不完整的。它还应有时间（1919年）、空间（法国巴黎）、历史特征（发生在第一次世界大战之后，签订了《凡尔赛和约》），这些正是“巴黎和会”区别于其他帝国主义国家分赃会议的地方。

又如“一二·九运动”。这一历史概念包括：时间（1935年12月9日）、空间（北平）、本质（青年学生发起的抗日救亡运动）、历史特征（在党的领导下发生的，起了推动全国抗日救亡运动新高潮到来的作用）。如果离开时间、空间和历史特征，只讲“一二·九运动”是抗日救亡运动，显然是不全面的。

由此可见，与一般的概念相比，历史概念的外延狭而内涵广。正确认识历史概念的这些特点，区分概念和历史概念的同、异，对教学实践有重要意义。

（2）历史概念源于历史史实。正如列宁所说的："物质的抽象，自然规律的抽象，价值的抽象以及其他等等，一句话，一切科学的（正确的、郑重的、非瞎说的）抽象，都更深刻、更正确、更完全地反映着自然。"[3]毫无疑问，历史概念也必然是更深刻、更正确、更完全地反映历史史实。

历史概念必须反映历史史实，这在原则上是没有争议的，谁也不会认为主观臆造的、杜撰的历史概念是科学的概念。但在教学实践中，人们对某一历史概念的阐述常常有很大差异，就是现行教科书有时对某一概念的说明前后也不完全一致。以"明治维新"这一历史概念为例，有的教材是这样解释的："1868年开始，日本明治天皇实行一系列有利于发展资本主义的改革。这些改革叫做'明治维新'"[4]。有的则更详细、更全面，认为"1868—1873年，明治政府采取了一系列资产阶级性质的改革来巩固以天皇为首的新政权和发展资本主义，摆脱外来压迫，建立独立自主的近代化国家。这在历史上称为'明治维新'。"[5]前后两种说法比较，后者更完全、更确切地反映了"明治维新"这一史实。

许多教师在辅导学生学习时，常常感到自己对历史概念的阐述不那么理想，时而解释多了，增加了学生负担，时而解释少了，不符合要求。为什么会出现这种情况呢？主要原因有两条：第一，对史实缺乏深入的研究和思考。历史概念源于史实，只有对史实进行全面的分析，找出它的全部属性，经过与同类事件的比较，全力抓住它的本质特征，并且经过若干次修改、补充，才能逐渐作出中肯的解释。第二，对历史概念阐述得或深或浅，还要取决于学生的知识水平和理解能力的高低。上面提到的"明治维新"一例，两种解释不尽相同，一种是对初中学生的要求，另一种是对高中学生的要求。对不同水平的学生提出不同要求，应该说也是合理的。问题是要看到不同之后，逐步加以充实、提高，使这些概念的含义更完全地反映史实。

历史概念源于历史史实已如上述，但历史概念又高于历史史实。何以说历史概念高于历史史实呢？因为史实总是十分具体而生动地，其中充满偶然的和必然的、非本质的和本质的因素；而且，必然性往往通过现象表现出来，本质寓于非本质的现象之中。历史概念在具体史实的基础上，摒弃其非本质、偶然的因素，取其本质的、必然的性质，加以理论的概括，以形成新的认识。这里，不可避免地要涉及理论、观点和方法。换句话说，只有在马克思主义唯物史观的指导下，才能揭示人类社会现象的本质，形成正确的历史概念。

以秦始皇“焚书坑儒”为例，史实没有也不会有什么变动，但一年前适用的旧课本，认为它是巩固统一的进步措施之一，这是不对的。现在使用的新课本就改正了过去的错误提法，认为它起着“钳制了思想，摧残了文化”的消极作用。

由此可以看出，只有以马克思列宁主义的理论、观点、方法为指导，才能揭示历史概念的科学含义。没有正确的指导思想，即便是掌握了史实，也会走向谬误。从这里，我们不难看出历史概念具有双重品格：一方面，它源于史实、依据于史实，因而是历史知识的一部分；另一方面，它又是历史唯物主义理论的具体运用，是基本理论的一部分。历史概念的这种特殊性质，是“史实”和“规律”所不能代替的。

（3）在教学过程中，历史概念是怎样形成的？原则地说，历史概念形成的过程是由感性认识到理性认识、从直观到抽象的过程。这里最基本的方法就是分析和综合、抽象和概括。

首先，教师应加强历史教学的直观性，使学生有丰富的感性知识，使历史发展过程或历史现象全貌再现于学生的心目之中，让他们“感知”历史，形成“历史表象”，这是形成历史概念的先决条件。然后，进行分析和综合，把历史事件、历史现象的所有属性分析得清清楚楚，分析以后又把所有的属性加以综合归纳，形成总体认识。这种分析和综合的过程，就其实质讲还只是形成历史概念的初级认识阶段。关键在于抽象和概括。抽象，就是从多种属性之中抽出本质属性；概括，就是把同类对象之中的共同本质属性结合起来，这样就形成了历史概念。

以“辛亥革命”这一历史概念（不是作为历史过程看待）为例，只有当学生熟悉了孙中山、黄兴等人的活动，兴中会、华兴会、光复会、日知会、同盟会的建立和纲领，武昌起义，中华民国的成立，《中华民国临时约法》的颁布以及其他一些重要事件之后，一句话，只有了解辛亥革命的全部过程，才能揭示“辛亥革命”历史概念的确切含义。没有生动、形象、丰富的感性认识，就没有“抽象”和“概括”的依据和资料，历史概念也就无法形成。

但是，我们也不可机械地认为，一切历史概念的形成都必须经过从感性到理性的过程，都必须采用分析和综合，抽象和概括的方法，缺一不可。事物总是复杂多样的，同样都是历史概念，就有复杂历史概念和简单历史概念的区别，因此，形成这些历史概念的具体方法也应该因事而异。例如“半殖民地半封建社会”就是相当复杂的历史概念。这一历史概念的形成绝不是一次认识过程所能完成的，它需要经过长时间的、反复多次的认识，其中有由感性到理性，也有由理性到感性的过程的交错，才能形成较深刻的历史概念。如果不充分估计它的复杂性，试图套用某种方法一举成功，则是不可能奏效的。至于那些比较简单的历史概念，往往只要略加说明或“比较”就可以阐述清楚，也不应繁琐地套用某种过程。例如，《史记》和“戊戌六君子”这两个“历史概念”，前者不需要展示原著或罗列该书内容，后者也不需要对六君子的事迹和被害经过一一详加说明，只要略作介绍，学生很快就能掌握这两个历史概念。

考察了历史概念的形成，但这还不够，还应研究历史概念的变化。

历史概念变化的一种情形是，历史本身在向前发展，因此，反映历史客体的历史概念的内涵也必然在变化、发展。“人民这个概念在不同的国家和各个国家的不同的历史时期，有着不同的内容。”⑥同样，“屯田”这一历史概念的内容也是变化的、发展的，有三国时期曹操的“屯田”，三国以后许多封建王朝又有“屯田”。同为“屯田”，但内容、范围、作用各不相同。又如“统一战线”，有第一次国内革命战争时期的“统一战线”，有抗日战争时期的“统一战线”，又有中华人民共和国成立后的人民民主“统一战线”。同为“统一战线”，各个时期之间有其历史的连续性，但它又是发展变化的，它的阶级组成、历史作用各不相同，因此不能混为一谈。

历史概念变化的另一种情况是，历史概念的内容随着人们认识的深化和改变观点而变化。人们在历史研究中总是不断有所发现、有所前进。这些新成果，或者充实了原来不完全的看法，或者纠正了过去的错误观点，这是常有的事，也是历史的必然。随之，历史概念的内容也必然改变。以“洋务运动”这一历史概念为例，经过研究，现行教材除了仍旧指出它“维护清政府的统治”的阶级实质以外，还适当肯定它有“防范外国侵略的意图”，“对外国经济势力的扩张也起到了一些抵制作用”。与过去比较，这种阐述更完全、更正确。

此外，历史概念表现形式的多样性也是需要研究的。语言是思维的外壳，任何历史概念都是通过名词这个语言形式来表达的，但名词表现历史概念的情形也较为复杂。一般地说，一个历史概念是由一个名词来表达的，但有时一个名词表达了许多个历史概念。例如“均田制”，可以表现北魏的均田制、隋的均田制以及唐的均田制。名词虽一，概念却多种多样。有时，同一历史概念又用不同的名词来表达，如“历史唯物主义”和“历史唯物论”、“戊戌变法”和“百日维新”、“民族民主革命”和“反帝反封建革命”，等等。总之，历史概念的表现形式也是很复杂的，充分研究它的复杂性，有助于我们准确地理解和运用历史概念。

（4）在教学中，既要重视和加强历史概念方面的教学，又要注意防止和克服概念化倾向。

为什么要重视和加强历史概念方面的教学呢？这是因为历史概念在历史教学过程中占有极其重要的地位。在历史教学中，基本史实、基本历史概念和基本历史规律，三者是紧密联系、相互制约的整体，掌握一定数量的历史概念是历史教学的基本要求之一。没有一定量的历史概念或者基本概念模糊，学生的思想就会混乱，因而也就无法揭示历史发展的规律。历史概念上承历史史实，下联历史规律，是极其重要的中间环节。也就是说，我们考察一个又一个的历史事件和历史现象，目的在于暴露历史事件和现象的本质属性（形成历史概念），进而找出历史事件的必然联系，揭示其固有的规律性。

我们还应看到，历史概念教学直接关系到学生能力的培养和政治思想教育。在历史教学中，培养、发展学生的智能是多方面的，其中最基本、最起码的能力就是掌握历史概念、运用历史概念的能力。如果不首先着眼于这种能力的培养，只谈什么创造能力、想象能力，岂不是空中楼阁？如前所述，历史概念中蕴含着理论、观点、方法，无疑是进行政治思想教育的重要内容，当然，谁也不会认为这是进行政治思想教育的唯一途径。

加强历史概念的教学，要认真开展历史概念的研究工作。要先从整体着眼，确定整个初、高中阶段以及每学年学生应当掌握哪些基本历史概念，哪些已经形成，哪些有待加深，在了解全局的前提下制订出切实可行的阶段计划。要对历史概念进行分类研究，区别各类历史概念的特点，以便采取不同的方式方法帮助学生掌握历史概念。还要调查了解学生的理解能力和知识水平，做到有的放矢，力求实效。

重视和加强历史概念的教学的另一面，是要注意防止和克服概念化倾向。从表面上看，概念化教学是非常重视历史概念的，其实恰恰损害了历史概念。概念化教学的主要表现是：

（1）把历史概念与“史实”“规律”割裂开来，只讲概念，不讲其他，把概念绝对化。一堂历史课只有那么几个比较抽象的历史概念。这种做法，现在虽不多见，但我们并不感到陌生。回忆一下十年动乱期间的所谓“儒法斗争史”的教学，除了几个空洞的概念、口号外还有什么实际内容呢？

（2）不认真研究历史概念的具体特点，把历史概念和一般的概念混同起来，以一般的概念代替历史概念。例如，谈到“革命”，不区分资产阶级还是无产阶级革命，笼统地解释为“打倒地主、资产阶级”，“沉重地打击了地主阶级的统治”。这种事例在近年高考试卷中并不是个别的。

（3）不认真区分同类历史概念之间的异同，千篇一律，互相混淆。例如“英国资产阶级革命”“美国独立战争”和“法国资产阶级革命”，就其性质而言，三次革命基本相同，就其发生、发展及其历史作用而言，三次革命又各有其相异之处。由于教师只是着眼于相同处，忽略了相异点，结果，就造成了学生张冠李戴的错误。如果克服了上述概念化的倾向，历史概念的教学必定会更好地开展起来。

注释：

①《列宁全集》第29卷，第435页。

②《列宁全集》第14卷，第179页。

③ 列宁：《哲学笔记》，第155页。

④《中国历史》第三册，第58页（注）。

⑤《世界历史》下册，第21页。

⑥《毛泽东选集》第5卷，第364页。

（此文原载《中学历史》1981年第2期）

历史教材与教法学科的改革

近年来，教育改革不断深入，取得了重大进展，历史教材与教法学科的改革也有许多成绩。当前，对于如何深化改革，我们认为在坚持四项基本原则的前提下，要从以下三方面努力。

一、应在“教材”“教法”领域系统研究非理性因素（即非智力因素）的作用

知识认识方面的因素称之为理性因素，又称智力因素。情感意志方面因素称之为非理性因素，又称非智力因素。教法研究中，我们对理性因素的研究比较充分，对非理性因素的研究则比较薄弱。

我们的历史教学深受“传道、授业、解惑”传统教育理论的影响，历史教材是一个完整的理论体系或逻辑体系，教学方法是为这个体系服务的方法论。这种以传授知识为主要内容的教育实践，是教育史上的主流，是理性教育模式。这种模式曾经产生过也正继续产生着重要的积极作用，这是有目共睹的。但是，它有局限性。首先，因为任何理论体系或逻辑体系都具有某种程度的相对性，历史教材也不例外。其次，任何人的认识过程或社会实践都离不开情感、意志、价值观念等多种因素的影响，知识、认识和情感意志是相互联系、相互补充的。而我们的历史教材与教法往往只重视知识认识的一面，而忽略了情感意志的一面。再次，人们在谈论科学技术的迅猛发展时往往只注意了教学手段的现代化这一重要方面，而没有充分分析研究它对历史教学的挑战，这就是日益丰富的物质生活和精神生活种种困扰并存，如何实现高度物质文明与高度精神文明的统一，是各科教学面临的共同问题，也是历史教学面临的严峻问题。有人说：我们的教育是

以20世纪50年代的模式，铸造20世纪80年代的人才，以承21世纪初的大业。这话值得我们历史教师深思。

在我们的历史教学中，十分重视把握事物的本质，揭示历史发展的规律，十分重视归纳推理和演绎推理等逻辑思维的重要作用，而对直觉灵感等非逻辑因素，则重视不够。这有一定的片面性。著名科学家爱因斯坦十分重视直觉的作用，称它为“真正可贵的因素”。

我们十分重视杰出历史人物的活动及作用的分析、评价，却忽视历史人物的道德品质、情感。然而，爱因斯坦指出：“一个卓越人物的道德品质，可能比单纯的智力成就具有更大的意义”，黑格尔说：“我们简直可以断然声明，假如没有热情，世界上一切伟大的事业都不会成功。因此有两个因素就成为我们考察的对象，第一个是‘观念’，第二是人类的热情，这两者交织成为世界史的经纬线。”

许多历史教师有这样的切身感受：当自己对某章节怀有浓厚的兴趣和颇深的情感，又是和一群心心相印的学生在一起时，“教”与“学”双方不仅可以达到信息的传递和反馈，而且还有了感情的交流和融合，此时教学效果最佳。反之，如果教师本人对授课内容缺乏感情，教者为单纯完成教学任务而教，学者为应付考试而学，缺乏必要的激情，理智处于昏睡状态，甚至产生严重的心理障碍，视而不见，听而不闻，其教学效果就会极差。由此可见，理智与情感相互制约，相互补充。

我们在教学方法研究中，十分重视某一定义是否科学，分类是否科学，在运用过程中是否合乎科学。总之，力图建立某种科学的论说体系。无疑，这种努力是必要的、正确的，但这是不完全的，因为忽略了教学方法论的艺术性质。教学方法既是一门科学，又是一门艺术。作为艺术，它的主要功能是陶冶情操，是审美、鉴赏。仅以历史课堂教学中的板书而言，一份优秀的板书设计不仅内容科学、详略得当，而且书写基本功过硬，简直可以称之为书法艺术，因此引起学生的浓厚兴趣，不由自主地进行仿效，这不正是科学与艺术的极好结合吗？法国小说家福楼拜说过：“越往前走，艺术越要科学化，同时科学也要艺术化。两者在山麓分手，回头又在山顶汇合。”

我们的教育方针是培养学生德智体美劳全面发展。各个学科对实现这一方针各自有所侧重，但不是截然分开的，而是互相联系、互相渗透的，历史教材与教法学科应该努力求得自身的完善，全面体现党的教育方针。我们高兴地看到，近几年来美育已引起广大中学历史老师的重视，成为历史教学的重要组成部分，但充分认识它的作用，自觉地、系统地贯彻于方法论之中，尚需作极大的努力。

二、建设开放型的、有民族特色的、密切联系教学实际的历史教育学

随着历史教学改革的深入发展和发达国家教育新理论新思想的传播，建设历史教育学的课题提出来了，人们开始从方方面面探讨历史教育学的种种特征，包括当前的教材与教法学科与历史教育学的关系等。从总体上说，我们认为，所建设的历史教育学应该是开放型的、有民族特色的和密切联系教学实际的。

所谓开放型，是与往日的封闭型相对而言的。我们应该研究世界教育改革的总趋势，吸收许多国家的新理论、新观念、新的教学手段和教学方法，不要把自己固定在某种僵死的模式之中。例如，日本早在20世纪70年代就出现了历史教育学，他们的经验需要认真研究。事实上，近年来，我们在打破封闭式教学方面已有若干进展，诸如中日两国学者进行了关于历史教育方面的学术交流，有关刊物发表了介绍苏英美等国历史教育情况的文章，许多同行引进国外的历史计量研究法、结构研究法、比较研究法和自然科学上的控制论、系统论、信息论等用于历史教学研究之中，对改变传统的观点、方法、结构正在产生积极的影响。然而，这只是起点，还很不够，面对我们所要培养的是承担21世纪建设大业、面向世界的创造型人才的重任，这就更加突出建设开放型历史教育学的重要性。

所谓民族特色，是指我们民族在史学理论和方法、教育思想和方法以及民族心理都有自己的特色。仅以史学而论，我们是最富于史学传统的、最有历史感的民族。在古代，司马迁、司马光的成就闻名世界；在现代，王国维、胡适、郭沫若、陈寅恪四位史学巨匠奠定了现代史学的基础。传统史学的成就是多方面的，其中有些体例、观点、方法至今仍在沿用，而新的历史教育学建设也应以此为基础。这里，

目前有两种倾向值得注意：一个倾向是固着于旧的传统，迈不开步伐，指责现代化破坏了传统的价值；另一种倾向是否定传统，好像一提及传统就大逆不道，埋怨传统阻碍了现代化进程。避免上述倾向，将有助于我们建设自己的历史教育学。

所谓密切联系实际，是指建设历史教育学必须密切联系当今社会实际。在当代，中国社会在变，政治在变，经济在变，文化在变，价值观念在变，思维方式在变。特别是思维方式的改变，已由过去平面的、因果联系的思维状态，跃进到多层次的、网络的动向发展。思维方式的改变决定一个人的行为举止，而历史教育学应该适应这种变化，以自己的研究影响这种变化。这是联系实际的一层含义，另一层含义是联系中学历史教学实际。现在，部分历史教师有这样的顾虑，认为历史教育学与历史教材教法比较，前者的层次更高，范围更广，理论色彩更重，因此，有可能离中学历史教学实际状况更远，这一顾虑不是没有道理的，对此应引起重视。

三、重视乡土教材与教法研究，是历史教学改革的重要方面

首先，是由我们的培养目标所决定的。1987年6月，《全国乡土教材工作会议纪要》指出，搞好乡土教材建设工作，对于培养有理想、有道德、有文化、有纪律和德、智、体、美、劳全面发展的社会主义公民，改变教育脱离当地社会经济发展和改革实际的状况，使教育更好地为当地两个文明建设服务，具有十分重要的意义。

我们中等教育的培养目标主要的、更多的是为当地两个文明建设服务的人才。这样的人才，如果对本省的历史状况、现实状况一无所知，如果不是那么热爱本省区的两个文明建设，应该说是教育的失败，而在中学历史教学方面，对此恰恰没有引起充分重视。我们理应加强乡土史教学，通过乡土史教学，使中学生了解本省的实际历史，培养学生热爱家乡的感情，立志为家乡的两个文明建设而献身。实际上，爱乡与爱国是完全一致的，爱乡是爱国的具体表现，只有爱乡才会爱国，在历史教学中万万不能忽视爱乡教育。

其次，目前中学历史教材现状也更加突出了中学乡土史教学的重要性。现行中学历史教材时间断限已下移至20世纪80年代，与旧课本比，时间拉长了，容量扩展了，而授课时数基本上没有增加。这种安排有其合理的方面，但发生了一个严重的矛盾：中学历史教学应该揭示人类社会和中国历史发展的具体规律，历史教材却愈来愈不怎么具体了，或者说教材的具体性特征有所减弱。如果授课时间不能相应增加，这种状况就无法改变。如何增强历史教学的具体性，最主要的途径是建设乡土史教材，建设乡土史教学计划，有针对性地开展乡土史教学，把乡土史教学和统编教材、乡土史教学和一般性历史教学融为一体，使学生在学习中感到更近、更亲、更具体，因此也会更有说服力和感染力。目前，人们感到“统编”教材“统”得过死，缺少活力。“多纲”“多本”的设想，是个大胆而宏伟的构思，可以调动中央和地方两方面的积极性。但现实条件不够，前几年也曾有过各省自编教材的经验教训，弊多利少。如果在统编教材使用的同时，给各省乡土史教材以应有的地位，各省的积极性也必将充分发挥，历史教材建设将会更加完备。

再次，加强乡土史教学将会给历史教法以新的活力。参观、访问、调查是乡土史教学的重要方法，许多地方名胜古迹、文物十分丰富，老红军、老干部、老专家散居全国各地，这是对中学生进行历史教育的极其有利的社会因素。我们的视野如果不局限于课堂教学一个方面，而是面向社会，我们教学的内容会更加充实，教学方法会更加多样。在这一方面，各省市已经取得若干经验。如上海某中学历史教师讲陈化成抗英斗争时，组织学生就地访问、调查，一个学生感受很深，他说，我天天上学经过陈化成战斗过的地方，过去没什么感觉，现在感到担子很重。这种历史感和现实感的统一，正是加强地方史教学的成功例证。

以上我们就非理性因素、历史教育学、乡土史教学三问题谈了对目前中学历史教材教法改革的看法。显然，这些见解也是不十分全面的。历史教学改革是一项多层次的综合工程，有历史教学本身的内部因素，也涉及历史教学之外的外部因素。高层次的、全局性的改革至关重要，而局部的某个环节的改革也并非可有可无。教材和教法的改革就是总体改革的重要环节，抓住这一环节，将会有力地推动历史教学全局改革。

呈现在广大读者面前的这本书《历史教材与教法》，是改革的产物，它不是向人们提供某种固定不变的模式，而是从实际出发，总结经验，依据本学科的特点，提供改革的若干思路。立论是否得当，还请读者赐教。

（此文原载《历史教材与教法》一书，安徽教育出版社1989年版）

从近年历史高考看对学生能力的培养

在中学历史教学中，应该努力把“教学”与“升学”统一起来，把“提高素质”与“迎接高考”统一起来。正是立足于这样的“统一观”，研究一下高考试题状况、学生能力状况，由此可以看出“强化能力训练”的必要。

十多年来，高考历史试题有很大的变化。

（1）题型变化极大。从1978年起，传统的题型多为“填空”“填图”“选择”“列举”“问答题”等，一直延续到1989年，长达11年之久。而从1990年起，过去只占极小比重的“选择”题一变而成为举足轻重的大类，在百分中占有50分，过去未曾出现的“材料解析题”已在1990和1991年两度出现，从而稳定下来。评分、计分办法也有改进，过去一直靠人力评阅全卷，而从1990年起，选择题通称“标准化试题”，由计算机计分，其他部分仍由人工阅卷。

作为崭新题型的“材料解析题”，近年来引起历史教师的广泛注意。“材料解析题”的特点是源于教材而又不拘泥于教材，既反映考生掌握基础知识的状况，又考察了学生的分析、鉴别能力，甚至可以看出他们掌握历史唯物主义基本观点的情况。

（2）难度逐年加大。1983与1978年相比，内容增多，难度大了一些，而1991与以往各年相比，从内容到形式，难度大大增强了。难度增强的一个重要表现是覆盖广泛，角度新颖，多层次、多角度地提出问题。以1990年“选择题”50分为例，虽然只是50处得分点，实际上考生要对200个以上的知识点作出判断、鉴别，才能作出正确的选择。其中21题“下列哪些事物的出现体现了旧生产方式向新生产方式过渡？（A.三圃制；B.初税亩；C.包买商；D.两税法）”。这是考查学生对于由奴隶制转向封建制、由封建制转向资本主义这种生产方式过渡中典型事物的掌握情况，有一定的理论高度，角度极新，从未见过。又如1991年“选择题出现这类问题：“下列关于半坡氏族的表述，不正确的是”（略）；“下列各项表述，哪些是正确的”（略）。这是两种相反的思考路线，前者是否定肯定；后者是肯定否定，二者互为补充，是常见的思维形式，但如果没有经常性的训练，学生也会感到难以掌握。

（3）能力要求提高。最近两年高考中出现的“材料解析题”，其目的主要是检验学生运用学过的有关知识去分析问题、解决问题的能力，也就是人们通常所说的运用能力，这是过去试题所未有的。试题所给予考生的原始材料，一般都是考生见所未见、闻所未闻的“新”材料，能够培养和考察学生的创造精神。至于问答题，虽然十多年来题型未变但对能力的要求大大不同。1990年试题之50：“结合13世纪至20世纪英国经济和阶级关系的变化，分析英国议会和政治的演变”及1991年试题之50：“概括1840—1949年间主要资本主义国家在华侵略势力的消长及其原因和结果”都是概括性极强的问答题，其特点是跨度大、时间长、内容丰富、涉及方面极多，考生如果不具备较强的综合、概括能力，是不能回答好该题的。如果从理论的角度分析，这两题又是“史论结合”的好题。前者从经济决定政治的理论高度，通过具体史实，说明英国两党制的演变，进而暴露出西方资本主义国家的议会和两党制自始至终都不过是资产阶级的工具，对于今天我们反对资产阶级自由化、反对和平演变是有益的。后者则是系统揭露主要资本主义国家对中国的侵略，对学生认识国情、了解过去，进行爱国主义教育是很有意义的。由此看来，考生还应具备较高的理论素养，否则，政治思想不敏锐，也不能回答好这类问答题。

以上简略地分析了近两年试题的一些新特点。这是国家对考生的统一要求，也可以说是对中学历史教学的高要求。

为了适应高考试题的新特点和新要求，必须强化训练。强化训练的目的不仅在于掌握现成的课本知识，更重要的是培养学生的多种能力。

（1）培养和训练学生的记忆能力。通观历史试题全局，任何一种类型题，无论是简单的选择题和填空题，还是复杂的问答题，都必须以记忆为基础。考生拿到试题以后的思维过程，也是先从“回忆”开始。1991年第12题：“见左图，斯巴达克等人在维苏威火山起义后，行军路线应是（1. 木提那、2. 美塔邦多、3. 布林底西、4. 勒佐。A.1234；B.2143；C.3241；D.4231），这是典型的记忆性试题。正确答案是B，如果学生答错，显然是记忆不清所致。强化学生记忆能力要研究方式，广大教师在历史教学中创造了很多行之有效的记忆方法，均可采用。但有一点是必须反对的，这就是简单地死记硬背。如果把这种方法视为学好历史的唯一法宝，那就大错特错了。

（2）培养训练学生的审题能力。审题是答题的前提，只有逐字逐层地认真审题，把握题意，才会有完整的、全面的答案。审题贵在推敲字词，由字词含义进行联想，进而组织素材，叙述表达出来。众多的考生缺乏这种训练，因而答题失误屡见不鲜，事后一经老师提示，则有恍然大悟、追悔莫及之感。1990年第48题是一道难度不大的问答题，许多考生由于审题失误丢分太多。该题问：“元朝时我国手工业工匠的地位如何，后来有什么变化？这种变化对社会经济的发展有何影响？又为什么清朝的手工业生产不能得到迅速发展？”按照题意，本题的核心是“手工业工匠地位的变化”，这种“变化”对“社会经济”的作用，清朝手工业不能迅速发展的原因。“后来”二字显然是元以后的明、清（鸦片战争以前）两代。许多考生却把“后来”二字理解为鸦片战争以后，于是就出现了“由于帝国主义的侵略……”“由于清王朝的腐朽统治……”等。这样就把该题的核心手工业问题一换而成为“民族资本主义”的问题了。由于跑题，得分极少。也有的考生鉴于本题中前有“元朝”字样，后边又标明“清朝”，那么所谓“后来”，只是仅指“明朝”了，于是讲到手工业工匠地位的变化仅限于明代，而清代变化则舍弃了，因而也部分失分。

（3）培养训练学生的比较、鉴别能力。近两年来占有一半比重的“选择题”，就其本质而言都是比较、鉴别题，只是比较的角度不同罢了。归纳起来，比较的角度主要有：时间比较、地点比较、人物比较、事件比较、政治比较、经济比较、科技成就比较、文化艺术比较等，是从比较中考察学生的素质和水平。此外，还经常出现比较型的问答题，如1990年第49题就属此类。该题是："结合《天朝田亩制度》、旧三民主义和《中国土地法大纲》中关于解决土地问题的基本主张，分析它们的相同点和不同点，并说明为什么《中国土地法大纲》在解放区能够普遍实行"。这是典型的比较题，比较的任务在于分析出三者的相同点和不同点。该题的比较点是"解决土地的基本主张"，要求考生能准确掌握《天朝田亩制度》、"旧三民主义"和《中国土地法大纲》的有关内容，说明民主革命时间不同的革命阶级为了完成反封建任务，曾用不同的方法解决农民土地问题，只有共产党领导农民才能成功地进行彻底的反封建斗争。然而，许多考生不能紧紧围绕"比较点"回答问题，而是泛泛地、公式化地进行什么时间比较、背景比较、领导人物比较、影响比较等，内容颇为丰富，而言不及义。"选择题"也同样要紧紧抓住"比较点"。选择题一般都是四项，四项之所以并列，因为它们同类；而正确答案只是一项或多项，这又是相异点——这正是试题所要求的"比较点"。因此，培养提高学生的比较、鉴别能力，固然要在归类上下功夫，揭示事物的共性、一般性，也要在区别上努力，揭示事物的个性、特殊性。

（4）培养、训练学生的综合概括能力。1990和1991两年的最后一题都是概括性极强的问答题。如1990年的第50题（见前），时间上前后七百余年；从内容上看，经济发展的阶级关系变化、议会和政党及其联系等，容量极大。对此，考生一致感到十分困难，挂一漏万者有之，偏离题意者有之，上下脱节者有之，泛泛空谈者亦有之，绝大多数人在及格分以下，高分者凤毛麟角。1991年第50题（见前）虽然比1990年难度有所降低，但在试题全局中仍然是失分最多的一题。培养训练学生们综合概括能力的主要办法是在经常性的试题中有计划、有步骤地增加一些概括性较强的问答题，从而使学生渐渐适应，循序渐进。

（5）培养训练学生的实际运用能力。最近两年高考试题中的"材料解析题"提供了范例，开阔了师生视野。"材料解析题"体现了史和论结合、已知和未知结合、学和用结合，是考查学生实际运用能力的好题型。当然，它还不能充分反映学生全部的实际运用能力。存在的主要问题是：①相当多的考生还不会联系地看问题，不能对“材料”所处的时代、来源进行深入思考，以致对内容判断错误。如对《九国公约》一段原文的解析就是错误百出，把“友邦人民”答成“中国人民”“美国人民”；把字面上的“机会均等”掩盖着的实质的不平等说成是“帝国主义在华的权利是均等的”。②还有不少考生阅读史料原文能力偏低，因而望文生义胡乱比附。“魏主”一道诏令提出了“姓氏改革”应该说是明显的，无须费神即可答出，但因诏令中三次出现“土”字，就答成了“土地改革”，进而引申出“均田制”。改革的论据在“黄土”上大做文章，更有甚者，有人竟把孝文帝改革与“普查人口”加以联系。出现上述缺点、错误是难免的，因为他们毕竟没有经常接触“原始材料”。这里就给我们广大中学历史教师提出了“史料教学”的新课题，要求教师们要做到探讨做法、积累经验、总结规律。

（此文原载《中学历史教学研究》1992年第1期）

高考历史试题、试卷和历史教学

1975年，邓小平同志主持中央工作，着手对许多方面的工作进行整顿，使国内形势有了明显好转，教育战线也有所转机。但这一年年底刮起的“反邓、反击右倾翻案风”的运动，使生机勃勃的形势又急转直下。粉碎“四人帮”后，作为教育战线的拨乱反正的措施之一，就是恢复了招生考试制度，特别是高考制度。1977年9月，邓小平同志指出：“招生主要抓两条：第一是本人表现好；第二是择优录取”。

近几年来，由于高校招生工作抓了这两条，不仅高等学校教育发生了很大的变化，而且带动了中小学教育的改变，引起了全社会的关注。现在的问题是，一方面存在着片面追求升学率的倾向，以及由此引起的猜题押宝、题海战术等做法，严重影响提高教学质量；另一方面，也应看到试题、试卷也的确能够在一定程度上考查和检验我们的教学水平。因此个人认为，在反对片面追求升学率的同时，仍然要重视对试题试卷的分析、研究，并从中吸取改进教学方法、提高教学质量的经验教训。

六年来，高考命题的指导思想是什么？总的来说，就是必须符合高等学校选拔优秀新生的要求，同时要做到有利于中学教学，还应考虑到对社会有长远的积极影响。在这一思想的指导下，命题的原则是：（1）命题范围严格限制在教学大纲和统编教材之内。（2）在考查学生掌握基础知识和基本技能的基础上，注意考查学生灵活运用所学知识和技能的能力。（3）试题的设计能使考生的成绩拉开距离，形成阶梯，易于区分，利于选优。

从1978至1983年高考历史试题的综合比较中，我们可以看出很多特点，主要包括以下几点。

（1）较好地处理了“不变”和“变”的关系。总的看来是“稳中求变”，既保持了试题的连续性，又有所创新，有所前进。

首先，从各类试题的排列、组合来看，六年来，一直保持小、中、大，由易到难的三级阶梯状。这是符合青年考生认识规律和心理特征的。我们都知道，考生临场，精神紧张，知识水平往往难以充分发挥出来。试题理所当然应由易到难。如果相反，或者由难到易或者难易混杂，那就会给考生带来很多困难，难以考查考生的实际水平。其次，从所有试题的内容来看，没有超出大纲要求和教材范围内的基础知识，重点的确定大体也是合理的。尽管对于每一届试题，人们都有些不同意见，但总体来说，还是适当的。再次，从各类试题的比分看，1982和1983两年与前四年比较也渐趋稳定、合理，避免了前四年忽起忽落的状况。1982年古、今比分为38∶62，1983年则为37∶63；中、外比分分别为64∶36和61∶39，和1978、1979年比较有很大不同。这是稳定性、连续性的一个方面表现。

只看到稳定性、不变的方面是不够的，我们尤其应该研究“变”的方面。以“题型”而论，六年中，没有哪两年的试题题型是完全相同的。这六年的题型分别是五、六、四、五、四、六类。1982年高考前，各省市许多学校的众多考生孤立死背地图的现象十分严重。本来，历史地图是重要的，它通过显示历史事件的空间位置，来形成学生的空间观念。然而，离开历史事件去记地图则是不足取的。为了纠正当时已经出现的死记地名现象，1982年试题中没有“填图”题和名词解释题。但这绝不是说“填图”不重要，实际上列举题中的“清代疆域”和“新航路开辟四件事”就是没有填图字样的填图题。1983年一些地、市又一味模仿1982年统考试题，在预考中舍弃了填图题和名词解释两类，结果1983年统考又恢复了填图、名词解释两类试题，给考生造成被动。

由此可见，我们在指导学生学习历史时应该立足不变，准备多变。也就是说一方面紧紧扣住教纲、教材，另一方面还要研究、总结各种不同类型的试题，着力培养学生的审题能力以及解答各类试题的能力。这种能力培养绝不是一时的权宜之计，而具有深远意义。

（2）较好地处理了“史”和“论”的关系。众所周知，无论是历史研究还是历史教学都应该是“史论统一”“史论结合”。然而就试题而言，一些人认为，试题侧重于“史”，“史”多于“论”。因此，抓住史实是主要的。

这种做法，虽然有局部道理，但毕竟是不全面的。无论是“简要解释名词”还是“简答题”，我们总是要寓爱憎于史实之中，寓观点于史料之中。例如，1983年试题中的“北魏孝文帝改革”一词，如果只有改革的内容，而没有改革的作用或意义，那就不全面。所谓“作用”或“意义”就是一种理论分析，就是观点。同样，我们对“一二·九运动”一词的解释，绝不能只说这是1935年12月9日发生的学生运动，而必须揭示它的性质是“抗日救亡运动”，说明它的作用是“掀起抗日救亡运动的新高潮”。至于问答题，“史”“论”的统一则更为明显。例如，简答题中“简述明、清两代加强封建专制主义的措施及其影响”一题就涉及一系列极为重要的论点：其一，明、清两代的政治措施很多，要分清什么是“封建专制主义”的措施，什么不是“封建专制主义”的措施；其二，“封建专制主义”的措施显然就是政治措施，政治措施的影响必定超过政治范围而及于经济和文化。这里就必须懂得政治与经济文化的辩证关系，否则就不能做到全面理解题意。1982年简答题之三“简述十九世纪晚期到二十世纪初，欧洲帝国主义国家矛盾的根源和具体体现，为什么后来英国要协调它对法、俄的矛盾”，一开始就碰到一个理论问题，即：欧洲帝国主义国家矛盾的根源是资本主义本身所固有的政治经济发展的不平衡规律。一个考生如果对“具体表现”答得很完全，而对“矛盾根源”茫然无知，卷面上看失分不多，实际上却不能认为是高水平的考生。

当然，我们也不需要那种脱离史实的架空分析。在这一方面，过去也是有教训的。在“左倾”思潮影响下，1958年左右，史学界某些人提出“以论带史”的口号。由此发展下去，变成了“以论代史”。20世纪60年代初期，中学历史教师展开了“历史课是思想教育课还是文化课”的大讨论，这次讨论的本身及其结果，使“史”与“论”的关系更加对立起来。在高考试题中也有反映。有一年的试题是：

“‘一二·九’运动的意义是什么？知识青年应该怎样走与工农相结合的道路？”一题占25分。不言而喻，这样的试题可以少答或不答史实，只要抓住“意义”，就可以无限制地发挥，空话、假话越多越好。最近六年来的试题坚决克服了过去的这些偏向，类似孤立地回答什么“历史意义”“经验教训”“失败原因”的试题也不见了。

由此可见，我们的原则是“史论结合”“史论统一”，既反对“以论带史”、空谈理论的倾向，也要克服史料就是历史的错误看法。只有努力做到“史论结合”，才有高质量的历史教学，才能培养高水平的学生。

（3）较好地处理历史与现实的关系。胡耀邦同志在党的十二大的政治报告中强调指出，要加强历史教育，特别是近代史教育，这是建设两个文明的需要，是开创社会主义现代化建设新局面的需要，历史教学必须为现实服务。对此，高考历史试题有所反映。

1978年拨乱反正的重大议题之一，是恢复老一辈无产阶级革命家的历史本来面目，因此试题中就有关于周恩来的主题活动一题。1979年，集中清理林彪、江青集团第三次“左倾”机会主义路线，有必要重提我党历史上曾经出现的王明“左倾”路线以及它造成的危害。1980年当我们提出和台湾国民党当局重建第三次统一战线，实现台湾回归祖国的大政方针时，重温第一次国内战争时期，同国民党建立第一次统一战线的过程和意义，显然有它的现实意义。1983年是改革之年，人们理所当然要了解和研究历史上的几次改革运动，以便从中吸取教益。在这种情况下，1983年试题中有两处涉及改革，一是解释“北魏孝文帝改革”一词，一是评述康有为从事维新变法的主要活动。

但不能认为所有的试题都必须和现实生活紧紧联系，否则就是不恰当的。这种看法也是片面的。历史毕竟是历史，而不是现实。历史有它固有的特殊规律性，有些历史事件、历史人物的思想活动在历史上是重要的，而现实意义不是那么明显，我们同样应该花气力掌握它，高考中出现有关试题也是理所当然的。就是对历史应该联系实际这一原则，也不能作机械的、简单化的理解。1981年是辛亥革命七十周年，有的教师断言本年必有“问答题”，于是孤注一掷。结果，助长了考生的投机侥幸心理，这是十分有害的。

由此可见，在历史与现实的关系上，也要注意克服片面性，既反对为历史而历史，脱离现实；也要反对背离历史本身固有的规律而乱加比附，尤其要反对在迎考中助长投机取巧的做法。

从1983年开始，我省考生经过预考选拔，方得参加统考。也就是说参加统考者都是学习好的或比较好的文科学生，他们的成绩如何呢？主要问题是什么？下面我做了两个不同的统计、一个是1982年的分题成绩统计；另一个是1983年的总分统计。列表如下。

表一：1982年分题成绩统计表（300份试卷）

人数 / 题类	上(80分以及上)		中(60～80分)		下(60分以下)	
	人数	百分比	人数	百分比	人数	百分比
填空题	129	43%	126	42%	45	15%
选择题	153	51%	126	42%	21	7%
列举题	9	3%	63	21%	228	76%
问答题(1)	6	2%	78	26%	216	72%
问答题(2)	42	14%	111	37%	147	49%
问答题(3)	3	1%	24	8%	273	91%

表二：1983年总分成绩比较表（500份试卷）

80分以上		79～70分		69～60分		59～50分		50分以下	
人数	百分比	人数	百分比	人数	百分比	人数	百分比	人数	百分比
29	5.8%	138	27.6%	169	33.8%	89	17.8%	75	15%

从表一看，填空、选择题得分大大高于列举题和问答题。列举题的成绩很差，上等水平只占3%，下等水平占76%。问答题成绩最差的是第三题，即十九世纪末到二十世纪初，欧洲帝国主义矛盾一题。可以说，世界史部分是难点，也是薄弱环节。从表二看，1983年的成绩及格率将近70%，但高分者甚少，80分以上者只占5.8%，绝大部分处于中等或中下等水平。此外，还有大约30%的人成绩在60分以下。个别试卷只得了8分、6分。

考生在历史知识方面存在的问题，主要包括以下三类。

（1）基本史实不全、基本理论不清。史实是基础，没有掌握史实，或者没有充分掌握的史实，就谈不上回答好问题。普遍存在的现象是基本史实遗漏较多，错误百出，名词解释和问答题尤为明显。如对“甘地”的解释，有些考生看来根本不知道“甘地”为何许人物，答什么的都有，如“法国著名人物”“社会民主党领袖”“海地革命领导人”“英国工人、农民举行起义、罢工的领袖”“资产阶级革命运动的领导人”等。“唐太宗主要政绩”一题丢掉“打破东突厥，设置安西都护府”等内容者较多。问答题三要求写出十九世纪末到二十世纪初欧洲帝国主义矛盾的“具体表现”，很多答卷不具体，流于一般化，当然要失分。另一些考生基本理论不清，以至出现许多不应该有的错误。例如，有的考生说北魏孝文帝改革“促进了民族资本主义的发展”；“八七”会议“撤销了陈独秀‘左倾’的领导地位”（语句也不通）；有的考生回答“马克思主义的三个来源和三个组成部分”时，对“社会主义”居然不区分“空想社会主义”与“科学社会主义”；有的考生“列举蒋、宋、孔、陈四大家族控制中国经济的情况”时，暴露了更为严重的理论上的混乱，如“垄断了所有的行业部门”“控制了商品生产”“四大家族使资本家的积累几百亿美元”，有的考生还把货币贬值写成“货币变质”，这种理论上的混乱应引起我们的高度重视。

（2）分析、概括能力差，文字表达能力低。一般来说，名词解释和问答题两类考题都包含着对考生分析与综合、归纳与概括能力以及文字表达能力的综合考查，书中是没有现成的答案的。例如1982年和1983年都有“评述”历史人物的试题，这里就要求有“述”有“评”，“述”中要先分析而后进行概括，“评”中则包括“评”其目的、性质、作用。许多考生在回答“联系十九世纪末期民族危亡的形势，评述康有为从事维新变法的主要活动”时，往往只能列举“主要活动”，有“述”而无“评”。有的考生不能根据题意，“联系形势”进行“评述”，却大谈洋务运动、中法战争、中日战争等“历史背景”，显然是离题太远了。有的虽然有“评”，但反题意而行之，

“评”得不当。评述唐太宗“政绩”，就要肯定其积极作用，有人却大谈什么“唐太宗还是有错误的，因为他加强了对人民的统治”“他禁锢了人民的思想”等。

在回答类似“简述明、清两代加强封建专制主义的措施及其影响”一类的问题时也要经过先分析而后综合、概括的思考过程。首先，要分出明、清两代，而不是其中的任何一代。其次，要进一步分出哪些措施是专制主义的，哪些不属于这一范围。然后综合、概括，由整治措施想到它严重阻碍了经济文化发展。有的考生却不这样，他们把明清两代前期巩固的措施和专制主义的措施混为一谈，谈及影响时，却成了使“封建国家得到了巩固，经济发展了，人民生活安定了”，和题意要求恰恰相反。

在文字表达方面，语句不通，词不达意，原语句的简单重复等毛病屡见不鲜。如“明清加强封建专制制度，实质上是腐朽封建专制制度的表现”“康有为于1998年6月11日到9月21日开始变法”“八七会议决定了中国革命应走向农村还是在农村建立根据地”“欧洲帝国主义国家间的矛盾在于帝国主义的政策”等。此例甚多，不再列举。这里着重提出的是，错别字现象相当严重。1982年300份试卷中“廖仲恺”三字错字率竟达58%。今年试卷中，也有不少人把“僧一行”写成“曾一行”，把“华蘅芳”写成“华横芳”，把“黄埔”写成“黄铺”。看来消灭错别字（特别是历史科常用字）也应成为历史教师的一项重要任务。

（3）极少数考生学习历史的目的不明确，态度不端正。其中有人迫于家长之命参加统考，态度极为不严肃，视答卷如同儿戏。1982年，有个考生把世界古代史上克洛维建立的法兰克王国写成“郎平”建立的“排球”王国。有的考生说孔子的言论记在《孟子》《荀子》里。詹天佑为八达岭青龙桥地段设计了“人”字形铁路轨道，有的考生却答成“双层轨道”“地下轨道”“电气化轨道”以至于“空中轨道”，有的人把欧洲开辟新航路的四大事件写成“意大利胜巴西、波兰胜苏联……十号球王贝利”。在“评述唐太宗政绩”时写道：“唐太宗就是李世民，李世民就是唐太宗。在他当皇帝的时候，少林寺很有名”，接着他写了一大段有关少林拳的行话。1983年试卷中虽然还没有发现上述那么典型的例子，但也有一些是属于学习态度方面的问题。例如，陕甘宁边区副主席李鼎铭提出“精兵简政”的意见，有的考生却写成“李鼎铭提出‘李鼎铭’的意见”。法西斯占领法国北部以后，戴高乐流亡伦敦，组织了“自由法国”运动，有的人居然说列宁领导“自由法国”的运动。《辛丑条约》规定清政府赔款白银，分三十九年还清，本息合计白银九亿八千万两，有的人却翻了一番，写成十八亿两，有的人再翻一番，写成三十九亿两。看来这些考生根本不知道十八亿、三十九亿是多大的数目！

根据1982、1983两年高考试卷中反映出来的上述问题，特提出下列建议：

（1）继续加强基础知识教学，不断改进教学方法。历史教学是“史”与“论”的统一，中学历史教学是基本史实和基本理论的统一。只有抓住这两个方面以及二者的统一，才抓住了根本。高考试卷中所反映的这样那样的问题，归根结底，或者是史实不清，或者是观点模糊，没能做到二者的统一。当然，抓好基础知识教学也非易事，这就要早抓、抓实、从头抓起。近几年高考中出现的“临时抱佛脚”“突袭迎考”的种种做法虽然也有其历史原因，但毕竟不是根本大计。

教学方法的改革，实属当务之急。改革的中心议题应是如何充分发挥学生的学习历史的主动精神和积极性。在试卷中，有的考生把八达岭青龙桥地段傍依山腰的“人”字形轨道，想象为“拱形”轨道、“空中”轨道、“双层”轨道，固然错误百出，但教师如果重视形象化教学手段的使用，只要在黑板上画一幅示意图也就一目了然、记忆清晰了。这只是一例，同样，我们从试卷的其他错误中也会得到改革教法的有益启示。

（2）要十分重视学生智力的培养。“智力”或者说“智能”是抽象的能力，但又不是难以捉摸的，它有具体性和实践性的一面，学生的“能力”，总是通过具体的口头表达和语言表达而表现出来。相当多的考生书写能力差，错别字严重，词不达意，语法混乱，层次不清，这不是应该引起历史教师重视的能力问题吗？

培养学生的周密审题能力、比较分析能力、归纳概括能力至为重要。据了解，许多历史教师对此缺乏认真研究，平时既无多种形式的训练，迎考时又要学生死记硬背，“多多益善”。试图以量多、巧合取胜，其实往往难以出现巧合，我们应掌握某一具体历史事件的起因、经过、性质、意义，以此为基点，进行多种形式的培养和训练。如：简明扼要地表述问题；同类事件的比较分析；复杂内容的层次分明地分析概括。这样，经过长期的艰苦的培养，学生的能力定会有显著的提高。

（3）加强和改进世界史教学。从根本上说，要了解中国，必须了解世界；要了解社会主义制度，必须了解资本主义制度；要进行爱国主义教育，必须知道帝国主义侵略中国的罪恶史。从中学历史教学现状看，初中阶段只有中国史，没有世界史。初中毕业生又不可能全部升入高中，大多数人将走向社会，这部分人没有或者很少有世界知识；一部分人进入高中后只有一年时间学习世界史，课时少，难度大，分量重，反映在高考试卷中，世界史部分的成绩总是较中国史差。想要从根本上改变现状，一方面有赖于课程设置相应变动；另一方面，广大教师也应作出极大努力，加强和改进世界史教学，以提高学生的世界史知识水平。

（此文未曾公开发表）

1990年高考历史试卷评析

一、试题特点

（一）格局稳定，稳中有变

1990年的高考历史试题，分为第一卷和第二卷两部分。第一卷为“选择题”，分为单项选择和多项选择两类，通称为“标准化试题”，由计算机计分。第二卷为“非选择题”。非选择有三类题型，即“填空题”“史料分析题”“问答题”，由人工阅卷。1990年是第二次将试题分为选择题和非选择题两大类，各占分为50%。

1990年与1989年比较，试题稍有变动。1989年共有五种题型，即“选择题”“填空题”“列举题”“史料分析题”和“问答题”。而1990年试题则排除了“列举题”，增加了“史料分析题”的题量。1989年与1990年试题分布情况比较是：1989年中国史占63分，世界史占37分；1990年中国史占59分，世界史占41分，世界史部分有所增加。1989年中外近现代史占62分，古代史占38分，大体相当，变动不大。总之，这里所说“格局稳定，稳中有变”主要是指题型和得分点分布变化不大，但也要看到“史料解析题”的地位提高了，世界史比重增加了。

（二）覆盖广泛，角度新颖

通观五题型，50个试题按《答案及评分标准》规定为110个得分点。然而实际涉及的知识而远不止于此。以第一卷选择题50分为例，考生要对200个知识点作出判断、鉴别，才能正确选择。至于问答中一些概括性强的得分点，虽然只是一句话一个得分点，但要掌握大量历史知识才能得到。如第50题答案中的一句“资产阶级革命中，议会同国王反复斗争”（1分）。考生必须掌握全部有关知识，并进行准确概括，才能取得1分。由此可见，110个得分点实际涉及的有关知识是它的2—3倍。这些知识散布在中国史和世界史的各个时期的政治、军事、经济和科技文化等各个方面，对考生进行了全面、细致的考查。

角度新颖是1990年的又一特色。如第21题“下列哪些事物的出现体现了旧生产方式向新生产方式的过渡？（A.三圃制；B.初税亩；C.包买商；D.两税法）这是考查学生对于由奴隶制转向封建制和由封建制转向资本主义生产方式过渡中典型事物的掌握情况，有一定理论高度。角度极新，从未见过。又如第50题“结合13世纪至20世纪20年代英国经济和阶级关系变化，分析英国议会和政党政治的演变”，通常在教学中，人们比较注重英国资本主义的生产发展及其对外扩张、英帝国主义的特点及变化等方面，较少注意议会和政党政治的演变。本试题一反常例，角度新颖，令人有恍然大悟之感。

（三）史论结合，联系实际

史论结合，是历史教学的根本原则，只会死记史实或架空分析只能有损于历史学习。1990年的试题较好地体现了史论结合、联系实际的原则，巧妙地体现了思想教育的原则，在三道问答题中表现得尤为突出。如第48题，通过对元明清三代手工业者身份的变化，分析了政治和经济的辩证关系。考生除了掌握基本史实外，还必须了解正是由于封建商品经济发展，才使得手工业者的人身依附关系逐步放松。而手工工匠地位的变化，又促进了社会经济的发展。而清政府的政治影响，特别是闭关锁国政策和对劳动人民的残酷剥削（重租、重税），又使得手工业生产不能得到应有的发展，无疑这对我们深入了解今天的改革、开放有借鉴意义。

又如第49题，即问答题第二题，这是一个比较型问答题。根本要求是围绕着关于“解决土地问题的基本主张”在阶级性上进行比较，也就是进行阶级分析，而不是泛泛一般化比较，有一定的难度。要求考生能准确掌握《天朝田亩制度》、“民生主义”和《中国土地法大纲》的基本内容，进行一定理论概括，从而了解到民主革命时期不同的革命阶级曾用不同的方法解决农民土地问题，即反封建的任务，而只有中国共产党才能进行彻底的反封建斗争。这对今天开展的爱党爱社会主义教育具有明显的现实意义。

再如第50题，要求人们从经济决定政治的理论高度，通过具体史实，说明英国两党制的演变过程。反映西方资本主义国家的议会和两党制，自始至终都不过是统治阶级的工具，从而揭露西方的“民主”的阶级实质，对于今天反对资产阶级自由化极为有益。以上三题就培养能力角度而言，第48题侧重分析能力，第49题侧重比较能力，第50题侧重综合、概括能力。这些能力又都是紧紧围绕史论结合、联系实际这一原则而进行培养的。

二、试卷简析

现就第二卷，抽查不同地市的一千份试卷所得数据表列于后。

①分题成绩:

成绩 / 题型应得分	上	中	下	差
填空(10分)	8分以上 208人(20.8%)	7分 172人(17.2%)	6分 216人(21.6%)	6分以下 404人(40.4%)
史料解析(10分)	8分以上 104人(10.4%)	7分 161人(16.1%)	6分 228人(22.8%)	6分以下 507人(50.7%)
问答(30分)	24分以上 4人(0.4%)	21～24分 8人(0.8%)	18～21分 63人(6.3%)	18分以下 925人(92.5%)

②三、四、五题型累计成绩：

实得分(成绩) / 累计分(题型应得分)	上(40分以上)	中(35～39分)	下(30～34分)	差(30分以下)
50分	4人(0.4%)	10人(1%)	81人(8.1%)	905人(90.5%)

③总成绩：

1990年总成绩	及格率	最高分
文史	19.08%	86
外	29.23%	82

从以上一、二两表中可以看出，填空与史料解析题得分率高，问答题得分率低，相差悬殊；另是三种题型累计成绩不高，及格率不到10%，总体成绩比较差。

下面对各题特别是问答题失分情况作一些具体分析。

填空题部分：失分点较多将大蜀政权答成蜀政权；刘家港写成“张家港”“上海”；临清写成“东平”“洛阳”，第三次党代会写成“第二次”“第三届”，马嘉理事件写成“马加理”“马神甫”“马赖事件”；红军停止去湘西，改向贵州前进，写成“江西”和“陕北”，甚至有写“天津”和“陕北”的。有的把农奴写成“农民”“自由民”，把罗马地区写成“罗马教皇”，把洛迦诺公约写成“凡尔赛和约”，等等。

史料解析题：不少考生将魏主答成“魏源”。孝文帝提出什么改革，因原文中三次出现“土”字，不少考生答成“土地改革”，进而引申出“均田制”。改革的论据则往往在“黄土”上做文章，也有个别考生把“黄帝”写成“皇帝”。对意图何在一问，诸多考生把“主观意图”和“客观作用”混为一谈，说它“加速了……”“促进了……”。有个别的考生把孝文帝的意图说成是“普查人口，有利国家计划”，等等。

对九国条约一段原文的解析失分就更多，如把“友邦人民”答成“中国人民”“美国人民”“日本独霸中国”“外国对中国的侵略”。有的考生不能分析字面的“机会均等”掩盖着实质上的不平等。认为“帝国主义在华的权利是均等的”。绝大多数考生能引用条文中的有关文字，却没有略加说明，或者认为“引用”就是说明，导致失分。

问答题部分：问答题是历来失分最多的部分，1990年尤为突出。从千份试卷的统计成绩看，及格率仅为7.5%，92.5%的考生不及格，问题严重。症结何在？除试题本身的因素，主要是考生本身的素质，这是我们着重分析的。从卷面看，存在着以下问题。

1. 审题能力差。如第48题第一问“元朝时我国手工匠人的地位如何，后来有何变化？”“后来”二字作何理解，按题意是指明、清两朝（鸦片战争前），而相当一部分考生则把“后来”二字理解为明朝，也有的无限延长到鸦片战争以后。因此就会把外国资本主义的入侵与大批廉价外国商品冲击市场联系起来。有的考生甚至联系到洋务运动，新中国的“三化一改造”。又如第49题，结合《天朝田亩制度》、旧三民主义和《中国土地法大纲》中关于解决土地问题的基本主张，分析他们的相同点和不同点……这里关键词是基本主张，不是全部主张，不必详细叙述。但是相当一部分考生恰恰没有抓住“基本主张”这一中心，而是泛泛地进行比较，如比较时间、人物、背景、历史作用，没有抓住核心进行阶级性比较，因而失分较多。

再如第50题，该题必须结合英国经济和阶级关系的变化，分析英国议会和政党政治的演变，“经济”和“阶级关系”是非中心内容。而许多考生恰恰相反，大谈其经济变化。有的考生详细叙述新航路开辟、对外贸易、殖民掠夺和贩卖黑奴、圈地运动、工业革命，并无史实错误，而且语言通顺，书写工整，有的考生写了500余字，却一分未得，实在可惜。还有的考生把议会政治和经济阶级关系割裂开来，分成两大段叙述，没能在结合上下功夫，因而得分不多。

2. 史实不清，概念混淆。如将“纳银代役”写成“纳绢代役”“手工业者的人身获得解放，有更多时间从事农业生产”。有的考生写道：“元代手工业者实行编户制度，成为‘徒附’”。有的把“工匠”与“驱口”，“手工工场”与“工厂”混为一谈。甚至有的考生写道：“元代手工业者终日蹲在水里，下身长满了蛆”，与隋炀帝的暴政混淆，可谓奇谈了。“清朝的手工业为什么不能得到迅速发展？”有的说：“中国和外国交替统治中国，工厂为外国人所垄断”“由于他们没有随历史发展而发展，没搞开放、搞活”，还有的考生回答“资本主义萌芽束缚了手工业的发展”，等等。在“土地问题上，不少考生认为三者共同点“都是解决农民土地问题”“都为解决农民的温饱问题”“只有农民有田可种，有饭可吃，有衣可穿，才能保持稳定”。有的考生把“封建的土地所有制”“私有制”“国有制”混淆起来，认为我们的《中国土地法大纲》是实现国有制。有的把《中国土地法大纲》和抗战时期的党的土地政策混为一谈，说：“消灭封建制度，土地属于国家”“耕种土地的农民交租交息，地主减租减息，农民高兴，地主无话可说”。在“英国议会与政党政治的演变”这一问题中，多数同学只能指出英国由封建社会地主与农民的矛盾进而发展到资本主义社会中资产阶级与无产阶级的矛盾，而不能指出资产阶级化的新贵族与国王的矛盾，也不能说明自由党和保守党的阶级属性。有的则把美国与英国的议会相混同，“英国自从独立后设议会，实行三权分立，采取议会君主制政体”。

3. 分析、比较概括能力低。学习历史绝不能仅仅凭借记忆。分析、比较、概括能力直接影响学习效果。1990 年答题的标准答案和评分标准明确规定，凡问答题只要“紧扣题意、条理清楚”可得 1 分，并规定:“考生答对问答题的全部知识要点，但有答非所问条理不清的现象至多得 9 分”“遗漏个别知识要点，但能按题目要求，条理清楚地回答问题仍可得扣题和条理分”。这是 1990 年评分的新规定，是以往多年所没有的。“所谓扣题和条理分”，实质就是“能力分”。又因 1990 年三道问答题分别侧重分析、比较、概括能力等不同方面，所以 1990 年的“能力分”实际就是考查学生的分析、比较、概括能力。在这方面，失分现象极为严重，除少数考生在个别问答题能获取 1 分或 0.5 分以外，绝大多数考生的绝大多数问答题均丢失此分。第 50 题所以得分最低，概括能力低是一个重要因素，例如“英国资产阶级中，议会同国王反复斗争”这包括何等丰富的具体内容。如果考生没有较高的概括能力，很难答出要点。

三、几点建议

1. 建议安徽省中学历史教师既要抓基础知识教学，还要狠抓能力培养，要多角度，高难度的提出问题、分析问题。尽可能早地使学生接触新的讯息，使他们的思路开拓。要时时注意面向多数学生，争取大面积丰收。1990 年高考历史试卷中反映出约 80% 的考生在及格分数线以下，向全体历史教师提出严峻课题，这种局面要迅速扭转，迎头赶上。

2. 建议对中学生加强教育，端正态度，认真学好历史。长期以来有一种错误认识，认为历史好学，只要全背就行。这种错误认识的形成原因是多方面的。实践证明，学好历史在高考中取得好成绩，绝非易事。那种“临时抱佛脚”的突击记忆方法是不可取的，在现在的考试中很难奏效，必须从平时的学习中，记牢基本史实，弄清基本概念。基本功不过硬，就不适应愈来愈高的要求。1990年成绩偏低，又容易产生畏难情绪，“历史难学”之说也会影响信心。对此也要引起注意。

3. 建议高考命题组适当降低难度，增强灵活度。例如1990年问答题的最后一题，“尾巴”翘得太高。前后七百年，经济、阶级关系，议会和政党政治演变，如此丰富内容，却要求学生浓缩在简单的几句话里。角度新，水平高值得肯定，但脱离了90%以上学生的实际水平，使教师和学生都感到难以掌握，失去信心，这是严重问题，不利于中学历史教学。这一问题的出现，表明“尾巴题”已走到顶端、绝路。这样与教育改革的精神难以合拍，与此相对应，我们对“史料分析题”颇感兴趣，它具有一定的灵活性，与教材内容相关联，又不拘泥于教材，这对于提高学生阅读能力，分析、判断历史问题的能力乃至技巧，均有所帮助，是值得称赞的好题型。

（参加本文讨论的有王乐群、王晓波等人，
此文原载《安徽史学》1991年第1期）

正确处理三种关系，加速教改步伐

《中共中央关于教育体制改革的决定》（以下简称《决定》）指出："教育体制改革的根本目的是提高民族素质，多出人才，出好人才。"学习《决定》精神，我们进一步明确了衡量一所学校、一门学科、一个教研室工作的好坏，不在其他方面，而在于是否为提高民族素质、多出人才、出好人才作出贡献。为此，总结我系工作，我们认为，在历史学科教学改革中应正确处理下列三种关系，即：正确处理大纲、教材和讲稿的关系；正确处理传授知识和发展智力、培养能力的关系；正确处理第一课堂和第二课堂的关系。

一、正确处理大纲、教材和讲稿的关系

大纲、教材和讲稿既是教师"教"的依据也是学生"学"的凭据。三者有联系、有区别，各有其重要作用，缺一不可。大纲有法定性质，大纲关于"量"和"质"的规范是指示性的。对教师而言，对大纲不能采取可有可无、无增可减的任意态度，而是必须认真学习、坚决贯彻。同时，必须看到大纲只是"纲"和"目"，而没有十分具体的内容，因而必须要有教材（课本）。现行教材多数为"协作教材"、少数是"统编教材"，教材是集体智慧的产物，一般地说，比较系统、完整、具体，比较全面地反映了本学科近期研究成果。教材是学生学习的主要用书。但教材和大纲一样，本身是"死"的，只有通过教师的口语表达，才能把它变"活"。教师讲课是创造性劳动，讲课不是照本宣科，而是"再创造"。讲稿就是教师"再创造"的产物。一份好的或比较好的讲稿应该是教材的提高和进一步升华，既重"续旧"，更要"添新"，对教材某些欠妥之处，应进行"纠编"。所谓

"续旧"，就是把教材中属于基础知识、基本理论的内容继承下来，纳入讲稿之中，这应是讲稿的主体部分。所谓"添新"，就是及时将本学科的新成果、新信息纳入课堂教学，用以开拓学生视野，增加信息量，启迪创造智慧。这些内容应在讲稿中占相当比重。所谓"纠编"，就是纠正已被实践证明的有偏差的观点和材料，这也是"添新"的又一重要方面。

我们的上述认识来自于教学实践。近几年来，随着教育改革的逐步深入，我们越来越迫切地感到，正确处理大纲、教材和讲稿的关系是一个带有普遍性的问题，于是学校组织教研室主任并在全体教师中开展讨论，开学时抓，期中也抓，抓一个学期不行，还要抓个一年两年。我们看到，在课堂教学中，有些教师对大纲、教材、讲稿三者关系处理不当，例如有的教师在没有充分研究大纲的情况下，只对教材作简单"浓缩"或"稀释"，重点抓得不准，难点没能突破，新信息也较少，讲稿质量较低，教学水平不高。也有的教师偶有所得则自我欣赏，贬低他人，哗众取宠，置大纲与教材于不顾。我们一直认为，高校的课堂教学应该有新信息、新成果，包括教师本人的独到见解，这对培养学生独立思考能力和创造精神大有好处。但教师时刻不能忘记、不能脱离大纲，不应轻率地舍弃教材。对上述两种不当做法，我们可以通过听课和评议，及时予以纠正。

事实证明，我们的做法是有效果的。我系毕业生除少数考取研究生、继续深造外，多数从事中等学校教育工作。1980年和1981年两届毕业生共考取研究生23名。从他们的基础课和专业课成绩看，一般比较好，总的特点是基础踏实，知识面较宽，有较强的适应能力。最近，我们又专访了一些用人单位，考察我系毕业生工作状况。用人单位反映，我系培养出来的毕业生既有比较全面的基础知识，又能够注意吸收最新成果，因而对他们感到满意。我们认为，上述成绩的取得，与平时坚持正确处理大纲、教材和讲稿的关系密切相关。三者关系处理不好，就不能培养出合乎要求的毕业生。

二、正确处理传授知识和发展智力、培养能力的关系

我国传统的教学思想是:“传道、授业、解惑”，这一教育思想在中老年教师中影响极深。对此，我们认为既不能完全否定，简单地斥之为“三中心”；也不能全盘继承，必须认真加以分析。

首先，应该说“传”“授”知识是重要的，对于基础知识的传授不但不能削弱，而且必须加强。从一些先进工业国家的高等学校教育发展趋势看，总的趋势是加强基础理论教学。例如，美国在大学本科生阶段进行“通才教育”，苏联原来强调在本科就进行专业教育，但从20世纪70年代以后则提出要培养“具有广泛专业知识的专家”。基础知识之所以重要，因为它是教学内容中相对稳定而不易老化的部分，基础知识和专业知识、最新知识是密切联系的，基础知识学得好，就容易接受新知识，否则就会觉得接受新知识十分困难。高等师范院校与普通高校又有区别。高等师范院校培养目标主要是合格的乃至优秀的中学教师，毕业生没有坚实的基础知识就难以胜任中等学校教育工作。

但是，我们也应十分清醒地看到，注重知识传授而忽视开发学生智力、培养能力是传统教育思想的一大弊端，特别是现在有些人还习惯于单纯传授知识的老一套做法。因此，更应该强调开发智力、培养能力的重要性。开发智力、培养能力之所以重要，是因为我们面临着新的技术革命的挑战，仅仅重复基础知识是远远不够的，而必须是像邓小平同志所说的那样:“掌握新技术，要善于学习，更要善于创新”。

有人认为，高等学校应把学生能力的培养放在主导地位，我们基本赞同这一提法。就历史学科而言，我们着重抓了三个方面能力的培养。

(1) 着力培养学生的自学能力。自学能力至关重要，是学生在以后的工作中能否独立地获取最新知识的关键能力。如果一个毕业生只是重复教师讲过的知识，局限于“子如不言，则小子何述焉”的阶段，那就谈不上从事开发性和创造性的工作。如何培养自学能力呢？最根本的一个方法就是介绍治学，即教师在讲课中，既讲知识，又讲

方法。最近几年的学术报告会，教师不但介绍自己的研究成果，而且更多的谈文章的结构、层次和方法，以此作为学生的示范，深受学生欢迎。

（2）培养学生运用历史唯物主义的基本观点、基本理论分析历史和解决历史问题的能力。什么是历史唯物主义的基本观点、基本理论？时至今日有没有必要？我们认为这是带有方向性的大问题，不容含混。我们认为，历史唯物主义的基本观点就是一切从实际出发、实事求是的观点，人民群众创造历史的观点以及在阶级社会中阶级斗争是历史发展动力的观点等。在部分学生中，一度存在某种忽视历史唯物主义基本观点学习的不良倾向，重“史”轻“论”，“史”“论”脱节。我们随时都在提醒全系师生，坚决纠正这种不良倾向，努力培养学生“史”“论”结合的能力。

（3）启迪学生创造智慧，培养学生创造能力。列宁说：“判断历史的功绩，不是根据历史活动家没有提供现代所要求的东西，而是根据他们比他们的前辈提供了新的东西。”（《列宁全集》第2卷，第150页）可见列宁把有没有提供“新的东西”、有没有“新创造”作为评价历史人物的重要标准。这一标准同样适用于我们的教学工作。我们从改革历史教学的内容、方式、方法入手，把国内外历史研究的新成就、新知识、新信息及时纳入课堂教学，用以启迪学生的才智创造。我们还重视历史本身的“创新”经验，介绍历史人物的“创新”过程，教师经常提出一些发人深思的问题，用以调动学生的创造性思维，及时捕捉学生的创造灵感，予以支持和鼓励。

三、正确处理第一课堂和第二课堂的关系

什么是“第一课堂”？第一课堂是以班级为单位，按教学大纲进行“同步”教育的教学组织形式，就现阶段而言，“第一课堂”仍是主要的或基本的组织形式。校、系工作的基层单位就是“班级”，教学内容、方式、方法的改革，必须首先表现在第一课堂的教学活动上，否则就是舍本逐末，轻重倒置。“第一课堂”教学质量的高低，影响着“一批人”，关系着一个班级的绝大多数学生能否成为合格的毕业生。基于这种认识，我们始终把改革第一课堂教学当作中心环节来抓，认定这是培养人才的前沿阵地。

但与此同时，我们深深感到第一课堂有它相当大的局限性，尤其是对高年级学生而言，这种局限性更加明显。首先，随着电视、录音、录像、电脑的采用和普及，学生获取新知识、新信息的途径增多了，速度加快了，他们不满足、实际上也已经在冲破这传统组织形式。其次，正因为第一课堂是“同步”教育，所以就难以充分做到因材施教。而第二课堂的特点是范围宽阔，内容可深可浅，活动方式多种多样，每个人可以在自己的知识和智力的极限上求得发展，因而能充分做到因材施教。再次，高校学生尤其是高年级学生，正处在创造意识和创造愿望极其强烈的年代，他们都想使自己成为一个发现者、研究者和探索者。这种愿望在第一课堂是无法满足的，而只有第二课堂才是他们显示才华同时又是经受实际锻炼的最为广阔的天地。

第二课堂的活动形式很多，近年来，我们主要抓了以下几项。

（1）组织学术报告会。既有本系学生介绍近期科研成果，也请外地、外校专家来校讲学；既有专题研究成果介绍，也有来自全国各专业会议的综合信息。这类学术报告会年年有，每年举办多次。每次学术报告，都极大地开阔了学生视野，活跃了研究氛围。

（2）组织参观，开展社会调查。参观、社会调查，已形成制度。每一届学生都要去南京参观文物古迹，并配有专业教师随时指导。每一次教育实习都要结合实习，进行社会调查，这是了解社会、熟悉社会的重要办法。

（3）建立专业学习小组，配备学习导师，每个年级，每个班级除专职辅导员外，另有兼职导师，负责业务指导。指导教师深入于学生之中，共同学习，互相研究，系领导和广大教师还大力支持学生自办的学术小团体——“赭山史学社”。

（4）不定期举办历史论文竞赛。过去举办的“五四”论文竞赛，吸引了相当多的学生，他们积极撰写论文，踊跃投稿。他们提交的几十篇论文中，有的论文确有创见，虽然数量不多，但影响极大。

此外，我们还有计划、有目的地组织学生看电视录像和幻灯片等。现在，我们感到要进一步开展第二课堂活动还有许多实际困难，如经费不足，图书资料缺乏，学生借书难等问题十分突出。此外，现行考试制度也要改革。学生在第二课堂里所获取的新知识、所增长的真实才干，在现行考试制度下很难得到如实反映。因此，改革考试办法也是当务之急。

（本文执笔者罗超，参加讨论者有汪宏玉、裘士京二人）

论高师院校历史系(科)教育实习

教育实习是高师院校教学计划的重要组成部分，是提高教学质量、培养合格教师、开创师范教育新局面的重要环节，是学生、教师、领导三方面必须共同完成的任务。

师范院校历史系（科）如何进行教育实习？根据多年实践，应该做好以下工作。

一、搞好教育实习，必须领导充分重视、教师全面负责、学生态度端正

领导是否充分重视，是实习工作成败的关键。领导重视，是指历史系（科）领导要把实习工作切实抓起来。首先，要把实习的安排工作落实。其次，要切实做好深入细致的思想动员工作。实践证明，思想动员工作做得越深透，实习效果越显著。再者，要亲自深入实习学校，检查、鼓励和督促实习师生，善始善终地搞好实习工作，并征求实习学校对办好师范院校历史系（科）的意见和要求。

教师全面负责，是指指导教师既要指导教学实习，又要指导班主任实习，还要做实习生的思想教育工作。

指导教学实习时，要认真指导实习生钻研教材，注意引导实习生掌握材料前后内容的联系，要严格审查实习教案，如有意见，应提出来让实习生自己修改，使实习生借以得到锻炼和提高。要抓好课前试讲，试讲的方式可以多样化，如自我试讲，小组试讲、指导教师听试讲等。要组织实习生互相听课，可以明确规定，每个实习生在实习期间听课时数不得少于二十节，并要求有听课记录。要举行教学评议，以发扬优点，克服缺点，提高教学质量。评议会的方式可以灵活多样，既可为某实习生单独举行，又可为几个实习生合并召开。评议会应请双方指导老师参加，被评议人应做好教学小结，以便在会上发言，请大家评议。

指导班主任实习，应着重审定班级工作计划，指导开展班级工作。首先，要督促实习生根据原班主任意见，制定切实可行的班级工作计划。班级工作计划审定以后，指导的重点应放在检查督促计划实施上面。其次，要多与原班主任联系，了解他们对实习生开展班级工作的意见和要求，以便有针对性地帮助实习生展开工作。实践证明，只要指导教师重视和实习生努力，班主任实习工作是能够取得好成绩的。

做实习生思想教育工作是很重要的。因为实习期间，指导教师和实习生经常接触，对每个实习生的思想、爱好和生活习惯都有较深了解，可以有针对性地对实习生进行教育，特别是专业思想教育。指导教师还要关注和爱护实习生，帮助他们解决实际困难，充分调动他们的积极性，以保证实习任务的圆满完成。

学生态度端正，是指实习生要排除一切干扰，全力以赴地投入实习工作。具体来说，在进入实习学校之前，应认真听取系（科）领导的实习动员报告，明确实习目的和意义，同时做好实习的各项准备工作，包括图书、资料、生活用品等。再就是要认真学习、讨论学校制定的《实习生守则》或《实习生公约》，严格按照《实习生守则》或《实习生公约》的要求去做。要认真备课，深入钻研教材，编写详细教案。要认真组织课堂教学，严格按照教材和教案进行上课。要积极主动地开展班级工作，坚持正面教育和积极疏导相结合的思想工作原则。要讲究师德，尊师爱生，为学生做表率。要自觉遵守实习学校规章制度，爱护实习学校公共财物。要认真做好实习总结，正确对待成绩评定。

课堂教学是教育实习的主要内容，每个历史系（科）的实习生，至少要编写四至八个教案，要教八至十六节历史课，同时负责批改作业和教学辅导工作。班主任实习是教育实习的重要内容，每个实习生都要在指导教师和原班主任的指导下，参加实习班的教育工作。要运用教育学和心理学的原理，对学生进行思想品德教育，协助原班主任组织班级各项教育活动和课外活动。要组织一次至两次主题班会或团队活动。

二、选好实习基地和安排好实习时间，对搞好教育实习影响很大，要认真做好

选择实习基地，要考虑历史系（科）的特点。历史系（科）的实习，首先要考虑实习学校的分布，这是因为中学历史课时少，一般每周只有两节课。中等规模的学校，也只能容纳少数实习生。因此，历史系（科）的教育实习最好能安排在几所规模较大的中学里进行。其次，还要考虑实习学校的条件。目前有些中学，由于种种原因，历史教师缺乏，有经验的教师更缺，甚至历史课都不能按计划正常开设。一般地说，这样的学校不宜选为实习基地。

那么，什么样的学校最适宜历史系（科）进行教育实习呢？（1）学校规模较大的，平行班级较多，可以提供较多的实习班级。（2）能按部颁教学计划开设历史课。部颁教学计划是国家的统一要求，是教学质量的重要保证。只有按部颁教学计划要求进行实习，实习质量才能有保证。（3）能有有经验的历史教师指导。实习生在校期间，虽然学了专业知识和教育理论，懂得了一般的教学原理和教学方法，但这和中学历史教学实际，还有一定的距离，如能有有经验的中学历史教师指导，则可大大缩短距离，取得良好的实习效果。（4）班级工作开展正常。如果班级纪律很差，不能正常开展班级工作，那么班主任实习工作是很难取得良好的效果的，还会影响实习生的情绪，不利于专业思想的巩固。

实习学校选定后，不要轻易更换，以建立稳定的实习基地。和实习基地要建立经常性的联系或签订合同，规定双方各应承担的义务。例如，历史系（科）承担帮助实习学校提高教学质量、培训师资、提供材料等工作；实习学校则是提供实习场所，给予实习指导，安排食宿等。这样，双方的关系可以建立在互助互利的基础上，才能收到更好的效果。

实践证明，实习时间定为六周是比较切合实际的。但由于中学历史课课时少，因此必须充分利用每一课时，以取得较大收益。

在具体时间安排上，最好不要每次都固定在某一学期进行。因为老是固定在某一学期举行，派出的指导教师往往每次都集中在该学期没有上课任务的少数教师身上，不能让更多的教师轮流随同指导实习，深入实习学校，了解实习学校的历史教学情况。我们认为分别安排在第七学期和第八学期，即一届安排在第七学期、另一届安排在第八学期为好。

现在许多学校都是在期中考试前二至三周进入实习学校。这样安排，实习生有机会参加期中考试和期中小结的实践，诸如试卷命题、监考评分、期中家访等，都可以得到锻炼。其缺点是，这一时期实习学校工作繁忙，还要停课举行运动会，约有一周时间不能上课，试教任务难以完成，影响实习效果。如果安排在期中考试之前进行，就可以避开期中考试和停课举行运动会，实习计划容易落实完成，实习效果会更好一些。

三、充分利用每一节历史课，以取得良好实习效果，不仅要研究每一节课的教学内容，还要科学地安排实习课程

实习课程的安排，采用“统一分配”的方法比较好。所谓“统一分配”，是指根据联系落实的课程内容及进度，由系（科）实习领导组按实习生平时成绩好坏统一分配，并注意使各实习学校实习生平常成绩大致类似，以利于实习生的最后综合平衡。

在课程的具体安排上，又有两种情况：一是“包班”安排，二是“两轮”安排。“包班”安排，是指一个实习生包教一个班，同时实习这个班的班主任。这种安排，使实习生和原任课教师一样，直线前进，往往要写八至十六个教案，负担重，疲于追赶任务。而且每个教案只能讲一次，没有总结改进和提高的机会。还要做实习班主任，班主任工作也难以深入，致使教学实习和班主任实习收效都不是很大。

“两轮”安排，即每个班级安排一人实习，然后以两个平行班为单位，将两个实习生联合起来，实行“两轮”上课。一人前两周上课，另一人后两周上课。这样安排，每人只要编写四至八个教案，每个教案可上课两次（一次上新课，另一次上平行课），备课时间较为充裕。还可以通过评议，总结经验教训，提高“平行课”的质量。在不上课的两周内，则集中精力实习所在班级的班主任工作，这对搞好教学实习和班主任实习都比较有利。实践证明，“两轮”安排符合于历史系（科）实习的特点，宜于提倡。

此外，在整个实习期间，还可以结合历史系（科）的特点，安排一些其他活动，诸如参加历史博物馆、历史古迹和访问历史名人等。还可以出版油印《实习通讯》，以丰富实习生活，扩大实习成果，推动实习任务的完成。

四、要认真评定实习成绩

教育实习成绩的评定，应全面衡量实习生的实习态度、实习效果和实习质量。要制订实习成绩评定标准，作为评定成绩的依据，以防止过宽或过严。实习成绩评定有两种方法，一是按教学和班主任两个方面而分别采用评语和评分相结合的方式评定。评语：根据实习态度、教学能力、教学质量、班级工作的组织能力和活动效果等情况，写出鉴定性评语。评分：根据上述教学和班主任工作两个方面的情况，按优、良、中、及格、不及格五等评分。另一个是按教学实习、班主任实习两项分别进行。教学实习成绩包括实习态度、教学能力、教学效果，按照评分准则，采用优、良、中、及格、不及格五等评分。班主任工作实习，则根据实习生班级工作态度、组织能力和教育效果，写出鉴定性评语，不另评分。这种评定成绩的方法比较科学，易于掌握。因为班主任实习主要是做思想教育工作，难以评分。而且由于各个班级的情况不同，工作开展的好坏，差异往往很大，实习生之间难以比较，所以班主任工作，只写评语不另评分比较好。

实习生的个人总结，主要是总结个人的收获、体会、不足之处以及今后的努力方面等内容，切忌空谈理论和罗列现象。教育实习使实习生全面地接触了中学实际，使他们对中学历史教学的地位和教材教法的运用，都有了进一步认识，会有很多收获和体会；通过班主任实习，实习生了解了中学生的心理特征，对中学生产生了深厚感情，进一步巩固了“忠诚党的教育事业”的思想。然而，这些收获和体会往往都是零星的，都还停留在感性认识阶段。所以，认真写好个人实习总结，是实习生继续学习和提高的环节，要认真做好。

最后，系（科）实习领导小组还要做实习工作总结。其内容主要是总结领导完成实习工作的经验和教训，从理论和实践上探索实习规律，并根据实习中暴露出来的问题，向领导提出改革历史教学和进一步搞好实习工作的建设性意见。

（此文未曾公开发表）

研究教材教法，狠抓教育实践，着力培养学生的工作能力

“历史教材教法”学科是高等师范院校历史系（科）的基础学科，也是薄弱学科。1979年我教这门课时，一无教学大纲，二无教材，三无参考资料，困难极大。十年来，在改革中前进，在实践中发展，现在这门学科的面貌已发生了根本改变。十年历程，是实践（教育实习）、认识（发表一批论文）、形成系统（1985年《历史教法研究》一书出版）、再实践（教育实习）、再认识（研究新课题、发表又一批文章）、完善系统（1989年《历史教材与教法》一书出版）的过程，十年工作中心是“研究教材教法，狠抓教育实践，着力培养学生的工作能力”。

在学科建设方面，我先后发表论文二十篇，主编教材两部，其中在中央一级论文集上刊载的有：《中学历史教学的地位和任务的再研究》（见《中小学历史教学法论文集》）、《历史教学与培养创新型人才》（见《历史教学研究的新探索》）、《历史课图示教学法探究》（见《中学历史图示教学法》）。在省一级刊物上发表的有：《努力提高中学历史教学质量——学习〈中学历史教学大纲〉》（《安徽师大学报（哲学社会科学版）》1979年第1期）、《历史教学中的板书问题》（《历史教学》1980年第8期）、《中学历史课堂教学类型研究》（《安徽史学》1984年第3期）、《历史概念与历史教学》（《历史教学问题》1986年1期）。后编《中国近现代史基本线索》教材一部，内部发行，全国交流，本系使用三年。1989年主编《历史教材与教法》教材一册，由安徽教育出版社公开出版发行。

上述文章与教材，包含“总论”“教材”“教法”“教师”“综述”五个方面，其中既有对传统观点的研究，又研究若干新课题，是目前

仅见的较完整的历史教学法论说体系。

在实践——指导教育实习方面，从1979年到1989年的十年中，我每年都抽出一个月的时间具体负责本系实习工作，从制订实习计划到写出实习总结，均负责完成。在指导实习中，坚持“政治、业务一把抓”，坚持“既抓态度，又抓效果”，坚持“严格要求，一丝不苟”，把教育实习看作是培养学生严谨的治学态度，提高学生工作能力的重要一环。对此，历届毕业生感受极深。在实践经验基础上，写成《论高师院校历史系（科）教育实习》一文，具有普遍意义。

从实践（包括大学课堂教学实践和教育实习实践）出发，服务于实践，接受实践检验是十年工作的特点，也是取得成果的源泉。

最近两年，在主管“历史教材教法”学科的同时，兼授《中国近代史》《安徽地方史》课程，讲课的特点是评价“研究动态”，目的是培养学生的开拓、创新精神。在这方面的成果有：《建国前国内研究义和团状况述评》（见《义和团运动史论文集》）、《中国近代史研究动态述要》（见上海社科院《中国近代史》一书）。此外，安徽省外事办出版的《安徽外事志稿》一书，本人撰写了第二章，五万余字。

实践证明，上述教学活动是卓有成效的，主要表现在：（1）绝大多数毕业生走上中学教学工作岗位以后，很快掌握了中学历史教学全过程，初步运用了学过的教学方法，教学效果良好，具有较强的事业心，因而得到所在学校领导的好评。（2）部分毕业生运用在校学过的历史教学法于教学之中，有所创新，取得优异成绩。如省属重点中学历史教师、我校毕业生周××获省历史教学评比一等奖。她说：“罗老师的教学法至今对已经毕业的我仍起指导作用。”又如市级重点中学历史教师、我校毕业生王××成绩突出，被推为全国历史教学参赛者。他说：“罗老师把多年的经验无保留地传授给我。在他严谨的作风影响下，我对今后的教学充满信心，使我更坚定了做人类灵魂工程师的决心。”再如地、县重点中学历史教师、我校毕业生付××发表了多篇有分量的教学文章。他说：“拜读罗老师发表的几篇大作，颇受教益和启迪。我作为一个中学历史教师，受到影响，而立志于历史教学，并有所成就”。

由此可见，十年来“着力培养学生的工作能力”的目的是达到了。

上述研究成果，有推广价值，主要是包括以下方面。

（1）上述文章、教材，不是简单的“经验总结”，也不是肤浅的“心得体会”，而是系统的理论概括。所提出的“学科理论”中含“总论”“教材”“教法”“教师”“综述”五个方面，是该学科新的论说体系。

（2）在某些具体问题的研究上有新见解、新突破。如“略论‘历史概念’”等。

（3）在几次全国性会议上，个人曾多次作专题发言，得到同行专家的好评和肯定。一位北京知名教师表示：“罗老师的文章对我帮助极大”。

（摘自1989年申报材料）

附录

为学生做到最好
——记我院退休教师罗超教授

安徽师大历社学院　官　超　陈丽雯　李天心　宋一墨

五十载教坛教书育人，二十年退休不退职责。罗超教授今年已经有82岁高龄，从教50多年来，严谨治学，硕果累累。他始终处在教育第一线，用自己的光和热温暖学生，用自己的爱和情关注青年学子，得到师生们的一致好评。

罗超教授，1932年出生，安徽萧县人。1953年毕业于山东大学历史学系，1953年7月至1961年3月在中国科学院近代史研究所做研究工作。1961年3月至1978年10月在黑龙江省安达市任中学老师。1978年10月调入安徽师范大学，现为安徽师范大学历史系教授。曾任历史教学法研究室主任，安徽省中学历史教学研究会副理事长，华东高等师范院校历史教研会常务理事，安徽省政协委员。曾获安徽师范大学"教书育人奖""优秀教学成果奖"，首届"中国老年学奖——学术成果奖"，安徽省教委颁发的"优秀教学成果个人一等奖"，国家教委授予的"普通高等学校优秀教学成果国家级优秀奖"，1993年起享受国务院特殊津贴。他为安徽师范大学历史教学、发展和人才培养作出了卓越的贡献。

经史子集觅芬芳，黑发积霜织日月

罗超教授从事历史研究50多年，严谨治学，在历史教材教法学科领域，围绕"研究教材教法，狠抓教育实践，着力培养学生的工作能力"这一中心，先后撰写论文《试论蔡元培的历史贡献》《建国前国内研究义和团状况述评》《二十世纪初两种改革观之论战》《林则徐与魏源合论》《近代安徽对外交涉交往》《〈安徽俗话报〉的再研究》等共计60余篇，主编、参编《历史教材与教法》《安徽外事志稿》《内忧外患》等图书。他还在国际学术会议和海峡两岸学术会议上交流分享多篇论文，广受好评。

罗超教授退休之后任芜湖市老年学学会副会长、芜湖市老年协会副会长，就老年问题开展调查研究并发表文章20余篇，包括《对一个老年群体的考察与思考》《走进高龄老人》《略论老年学的社会功能》《社保制度之初步研究》《孝文化的历史演变》等。2006年参加“中国老年学学会二十周年庆典暨2006年老年学学术高峰论坛”，提交的论文《“老年人健康”与“家庭和谐”之哲学思考》获得一等奖。2007年获得“第二届老年学奖——学术成果奖”。2009年个人论文集《脚印——我这三十年》一书公开出版发行。

遍地蕙兰思化雨，满园桃李谢春风

十年树木，百年树人。罗超教授在50多年教学过程中一直秉承着“为学子做到最好”的教学理念，他认为在历史的学习中，要耐得住寂寞，坐得住冷板凳，探索历史学习的真谛，发现历史学科的魅力。在教学过程中，罗超教授对自己严格要求，实实在在做人、认认真真做事、谨谨慎慎写文章，以身作则勉励学生刻苦求学问、坚持本真切忌随大流、多向社会探讨并善于思考总结。芜湖市老年学学会会长娄良鸿称赞他：为人厚道，胸怀磊落，笃于友爱，视野广阔而又不拒细微，用力攀登而又能从实地做起。

在课堂以外，罗超教授和学生们打成一片，用自己的关心让学生感受到了温暖。据他回忆，在过去的教学生涯中，有很多学生经常在他家做客，倾诉自己的学习困惑和生活上的困难。50多年来，他一直在精神上和物质上帮助他的学生。如今，罗超教授已经桃李满天下了，他的一些学生在各自的工作领域中取得了显著成就。罗超教授经常会收到学生们的信件，满满的谢师情谊尽显其中。

回眸悠悠几十载，真情犹系学子身

罗超教授退休后，仍然孜孜不倦，笔耕不辍，奉献着光和热，致力于关工委工作十七年，关心下一代，做大学生的积极向导，经常给学生做思想道德文化素质方面的报告，努力提高学生的综合素质。这些年的无偿工作让罗超教授对于奉献和老师两者之间的关系有了更加深刻的了解。他带头为青年下一代无偿做《关于香港回归的问题》《孝文化的历史演变》《社会调查的若干方法和几点体会》等报告总计20余场，学生受众达5000多人，深受学生欢迎。他深情地说："这并不是校关工委派给我的任务，而是我期望能够给予广大青年学子更多的关怀，希望他们能够一直走在方向正确的道路上。"

就大学生学习的现状，罗超教授多次在谈话中表露出深深地担忧。他说："现代大学生太浮躁，没有静下心来想真正地做好一件事，只是一味地追求物质享受和经济利益""大学生应该要在人格培养上多下功夫，和朋友友好相处。"在学习方法上，"学习要刻苦，对身边的事物进行思考。不要随大流，要有自己的个人见解；要多向社会学习，多参加社会调查，总结经验，实践才是检验真理的唯一标准。"一席话凝聚了罗超教授几十年的人生感悟，也是罗超教授对青年一代殷切的期望。

罗超教授在关工委工作中，积极动员老同志参与，关心下一代青年实际发展，热情分享学术成果，不计个人得失，一直为广大学子的成才成人默默奉献。他的妻子回忆道："他这个人在退休以后，依旧为你们青年学子奉献着，经常无偿做一些报告和讲座。我们都是有着自己的信仰，这样对社会好，我们就这样做。青年学子们都应该要有自己的信仰。"师者，所以传道授业解惑也，罗超教授在研究教学生涯中一直注重教学研究的严谨和基础概念的界定，在朴实的谈话中，我们看到了一位在历史研究领域永不知倦的辛勤耕耘者，看到一位在学术研究界不断创新的拓荒者。

"老骥伏枥，志在千里。烈士暮年，壮心不已。"50年如一日，罗超教授治学严谨，和蔼亲切，深受广大学子喜爱。自强不息引学子风尚，专业成就助师大华章。对于青年朋友，罗超教授寄语道：希望青年朋友们不要急于求成，更不要总是热衷于"热门话题"，学会"坐冷板凳"，"宁静"才能"致远"。

（此文登在安师大教育网站上，2013年5月10日）

家父罗超教授八十年以来大事纪略

父亲罗超，字绪谟，安徽萧县人。

一、幼时发蒙，少年失怙

1932年农历二月初四，出生于萧县一个耕读之家，父亲罗兆清，母亲罗王氏。

1932年到1938年秋（6岁以前），住萧县县城西门里，入萧县幼稚园。

1938年秋，日寇大举侵华，萧县城沦陷，为避战乱，举家迁居萧县城东南梁瓦房村。

1938年到1944年12月（6到12岁），先后在刘行私塾学校、黄台子小学、王大庄小学读书。

1945年春到1949年7月（13至17岁），在徐州市鼎铭中学、昕昕中学读书。1945年，国民党轰炸徐州日军据点，父亲罗兆清罹难，少年失怙。

二、负笈远行，发奋求学

1949年7月（17岁），只身前往山东济南，考入华东大学。

1949年7月到1953年9月（17至21岁），在山东大学历史系学习。1950年春，华东大学、齐鲁大学、山东大学合并为新山东大学，由此进入山东大学历史系。在校期间，义务担任生物系政治理论课辅导员、山大附小高年级语文教师、校刊通讯组长、逻辑学课代表。政治理论学科以97.5分的成绩，名列全校第一。

三、刻苦钻研，治学育人

1953年9月到1961年3月（21至29岁），由国家分配到北京中国科学院（现中国社会科学院）近代史研究所，作为范文澜先生的助手从事中国近代史研究工作，主要搜集、整理、编写《五四运动史》一书。1956年“大鸣大放”期间，受组织委派前往北京大学“借东风”，贴出大字报。反右开始后，因“检讨深刻”结论定为“中右”，属于人民内部矛盾。1959年与本所同事同乡王素相恋结合。1960年6月，大女儿罗红荔出生。

1961年3月8日（29岁），报名支援黑龙江省安达市大庆油田开发，夫妻携女离开北京。先后任教于安达师范学校、安达市一、二、三中学，曾任政史地组组长、语文组组长，教书育人。1961年二女儿罗欣平出生，1964年4月三女儿罗珊红出生。

四、黄金岁月，历尽磨难

1966年到1976年（34至44岁），经历“文革”十年。1968年被揪出，打成“历史反革命”，归入“黑五类”，关进“牛棚”，失去人身自由，停发工资，全家生活陷入困境，依赖妻子王素一人工资和母亲挖野菜维持一家老小生活。1970年，恢复自由，改称“同志”，全家下放农村，到安达祝三公社平桥大队毛家小队“插队落户干革命、五七道路走全程”，先在生产队放牛、看菜园，后被公社革委会调到材料组。1970年2月，长子罗大彤在老家萧县出生。1971年，在农村缺医少药，二女儿患病夭折。1972年，从乡下返城，重执教鞭。1973年曾荣获安达三中“革委会”颁发的“先进工作者”奖励。1973年5月，次子罗大伟出生。

五、壮年逢春，生机勃发

1978年10月（46岁），“科学的春天”到来。中国科学院出面，夫妻奉安徽省革委会人事局调令入关，调入安徽师范大学历史系，全家南下安徽芜湖。先后担任历史系历史教法教研室主任、安徽省中学历史教学研究会副理事长、华东高等师范院校历史教研会常务理事，全力投入教学和科研工作。

1982年3月（50岁），撰写《建国前国内研究义和团状况述评》一文，由《安徽师大学报（哲学社会科学版）》发表后，中华书局《义和团运动史论文集》《新华文摘》相继转载。此后，在开展教学的同时，撰写了大量有关近代史和教法研究的文章。1984年获安徽师范大学颁发的“教书育人奖”。

1988年1月（56岁），当选为安徽省第五届政协委员，参政议政，为统一战线付出努力。3月，赴香港会见从台湾辗转回乡省亲的大姐罗萃谟。

1989年（57岁），科研项目“研究教材教法，狠抓教育实践，着力培养学生工作能力”分别荣获安徽师范大学“优秀教学成果奖”、安徽省教委“优秀教学成果个人一等奖”、国家教委“国家级优秀奖”。此外，主编和参与编写的著作《历史教材与教法》《安徽外事志稿》《五四运动简史》《内忧外患》相继出版。

1991年6月（59岁），应邀出席在香港召开的亚洲历史学家会议，论文《林则徐与魏源合论》在大会交流，后在淮北师范大学学报发表。10月，母亲罗王氏以102岁高龄在芜湖安详仙逝。

1993年（61岁），作为有突出贡献的专家，中华人民共和国国务院发文：“特决定从九三年十月起发给政府特殊津贴并颁发证书”。同年12月，被评定为教授职称。

1994年1月（62岁），出席在杭州举办的首次由海峡两岸历史学家参加的“孙逸仙思想与儒家人文精神学术研讨会”，提交论文《继承和创新相结合的历史典范——孙逸仙思想与儒家人文精神》在大会交流。应邀赴淮北煤炭师范学院，培训骨干教师。

1997年（65岁），在香港回归前后，以“香港的昨天、今天和明天”为题著文，并在各处做学术演讲，听众达六千多人次，《安徽日报》1997年6月20日“周末特刊”头版头条给予报道。

六、夕阳正红，光热满天

1999年12月后（67岁），任安徽师范大学退休教师协会副理事长、关心下一代工作委员会报告团成员、芜湖市老年学学会副会长。从此致力于关心下一代工作和老年学研究。

2001年6月（69岁），撰写论文《对一个老年群体的考察与思考》《略论老年学的社会功能》《走进高龄老人》提交全国老年学学术研讨会。

2003年（71岁），撰写论文《孝文化的历史演变》《论大考理念（与娄良鸿合作）》，提交“中华孝文化与代际和谐国际论坛”，在大会上宣讲，反应很好，荣获中国老年学学会首届“中国老年学奖——学术成果奖”，颁发奖牌和奖金。人民日报的《人民文摘》《学习实践“三个代表”事迹报告》一书全文转载该文。

2005年（73岁），撰写长篇文章《“老年人健康”与“家庭和谐”之哲学思考》，提交在四川眉山召开的“全国家庭、健康、和谐研讨会”，在大会交流发言。

2005年5月到2006年3月（73至74岁），心脏病反复发作，六次入院。2006年3月在南京第一医院植入四个支架，转危为安。

2006年9月（74岁），应邀参加在北京举行的“中国老年学学会二十周年庆典暨2006年老年学学术高峰论坛”，所著论文《“老年人健康”与“家庭和谐”之哲学思考》荣获一等奖，在人民大会堂接受颁奖。

2007年10月（75岁），参加在北京召开的“第八届亚洲大洋洲地区老年学和老年医学大会”，大会中设有中、英文论坛，被大会确定为中文论坛之一“健康老龄化”的主持人和发言人，演讲的《健康长寿之方法论研究》，反响热烈，荣获第二届“中国老年学奖——学术成果奖”，获奖牌、奖金。

2008年9月（76岁），撰写《健康长寿的奥妙在于和谐》，提交“全国长寿与发展高峰论坛”，获优秀论文奖。

2009年6月（77岁），所著《学习科学发展观，开展老年文化研究》，提交全国老年学学术研讨会，获优秀论文奖。10月，所著《脚印——我这三十年》一书，由香港天马出版有限公司出版。

2011年秋，畅游“三峡”写出文章《游“三峡”》一文，刊登在《芜湖日报》2011年12月11日第二版上。

2011年10月（79岁），参加芜湖市老年学学会课题组（高理玉、罗超、曹佳凡、张海、吕金燕、黄其曙)，深入三县一区调查农民养老情况，由罗超执笔撰写《农民养老之殷切期待——长江中下游芜湖市三县一区农民养老状况述要》，提交“全国农村老龄问题高峰论坛”，获优秀论文奖。并且于2016年再一次荣获第三届（每届五年）“学术成果奖”，获奖金、奖牌。

后　记

家父罗超教授八十年来淡泊处世，潜心学术。育才有方，桃李满天；治学严谨，著述颇丰；慈爱家人，厚待晚生。虽已年至耄耋，依然孜孜不倦贡献光和热！这种乐观向上的人生态度、自强不息的奋斗精神、科学严谨的治学方法都是极其宝贵的精神财富，作为晚辈，我们必须继承并发扬光大。

罗红荔　王孝君　罗珊红　程建鹏
罗　皓　钟淑珍　罗大伟　胡珍珍
二〇一七年九月

编后记

罗超先生1932年生于安徽萧县，1953年毕业于山东大学历史系，先后在中国科学院（现改为中国社科院）近代史研究所、安徽师范大学工作，长期从事历史教学研究。

罗超先生一生学术成果颇丰，在历史教学法、中国近代史等领域成就显著，本书即罗超先生一生历史教学法学术研究成果的萃编。本书根据文章内容，主要划分成方法篇和研究篇两个部分，总计10余万字。

鉴于本书所收录的文章写作时间跨度数十年，且每篇文章都具有当时的时代特征，为了让读者更好的理解每篇文章，书中的每篇文章都以最初发表（或定稿）时的原貌呈现给读者，以防有所漏缺和误解。在编校过程中，我们在尊重原文的基础上，仅对文章中确属错误的文字、标点和一些无歧义的异体字略作修改，并对同一篇文章中的引文、注释格式等做出了适当的修正，使之大致统一，其他则一律依旧。

编　者

二〇一七年十一月